EinFach Deutsch
Unterrichtsmodell

Friedrich Dürrenmatt

Der Besuch der alten Dame

Erarbeitet von
Kirsten Köster
und Verena Löcke

Herausgegeben von
Johannes Diekhans

Baustein 4: Die Güllener Bürger als Verräter – Der zweite Akt (S. 56–70 im Modell)			
4.1	Ein Mord kündigt sich an – Chronologie eines Verrats	S. 51–57, S. 61–66, S. 67–72, S. 73–76, S. 78–79	Gruppenarbeit, Mal- u. Zeichenauftrag, Arbeitsfrage, U-Gespräch, Tafelskizze, Partnerarbeit, Szenisches Spiel, Schreibauftrag, Arbeitsblatt 16, Arbeitsblatt 17, Arbeitsblatt 18, Arbeitsblatt 19
4.2	Die Jagd nach dem schwarzen Panther – Analyse eines Motivs	S. 66–77	U-Gespräch, Schreibauftrag, Partnerarbeit, Tafelskizze, Einzelarbeit, Arbeitsblatt 20, Arbeitsblatt 21

Baustein 5: Die Güllener Bürger als Mörder – Der dritte Akt (S. 71–92 im Modell)			
5.1	Die Gemeindeversammlung als mediale Inszenierung	S. 119–127, S. 120–122, S. 98–99, S. 100, S. 140, S. 124–125	Szenisches Spiel, U-Gespräch, Tafelskizze, Partnerarbeit, Einzelarbeit, Arbeitsfrage, Schreibauftrag, Arbeitsblatt 22, Arbeitsblatt 23
5.2	Der Mord als kollektive Tat der Güllener Bürger	S. 127–131	Gruppenarbeit, Szenisches Spiel, U-Gespräch, Tafelskizze, Arbeitsfrage, Schreibauftrag, Arbeitsblatt 24, Arbeitsblatt 25, Arbeitsblatt 26, Arbeitsblatt 27
5.3	Zur Bedeutung des Schlusschors	S. 131–132	Mal- und Zeichenauftrag, U-Gespräch, Tafelskizze, Partnerarbeit, Einzelarbeit, Gruppenarbeit, Szenisches Spiel, Schreibauftrag, Arbeitsblatt 28, Arbeitsblatt 29

Baustein 6: Hintergründe: Der Autor, Gerechtigkeit als Thema seiner Werke, die Dramentheorie und Rezensionen (S. 93–115 im Modell)			
6.1	Der Autor Friedrich Dürrenmatt und seine Arbeit als Schriftsteller	ges. Text	U-Gespräch, Einzelarbeit, Arbeitsfrage, Tafelskizze, Gruppenarbeit, Arbeitsblatt 30, Arbeitsblatt 31
6.2	Die Frage nach der Gerechtigkeit	ges. Text	Schreibauftrag, Einzelarbeit, U-Gespräch, Partnerarbeit, Tafelskizze, Arbeitsblatt 32, Arbeitsblatt 33
6.3	Ein lachendes und ein weinendes Auge – Dramentheoretische Überlegungen	ges. Text	U-Gespräch, Partnerarbeit, Schreibauftrag, Einzelarbeit, Arbeitsblatt 34, Arbeitsblatt 35, Arbeitsblatt 36
6.4	Stimmen zum „Besuch der alten Dame" – Rezensionen	ges. Text	Schreibauftrag, Gruppenarbeit, Partnerarbeit, U-Gespräch, Einzelarbeit, Arbeitsblatt 37

Der Besuch der alten Dame

Baustein 1: Die Frage des Einstiegs (S. 17–23 im Modell)

1.1	Dramatis Personae – Antizipieren		U-Gespräch
1.2	Sich einen Überblick verschaffen – Strukturieren	ges. Text	Arbeitsblatt 1, Arbeitsblatt 2 Einzelarbeit, U-Gespräch
1.3	Zitatencollage – Diskutieren	ges. Text	Einzelarbeit, Schreibauftrag, Gruppenarbeit, Arbeitsblatt 3, Arbeitsblatt 4

Baustein 2: Der erste Akt – Exposition und dramatischer Konflikt (S. 24–37 im Modell)

2.1	Die Stadt Güllen und ihre Bewohner als Spiegel von Verwahrlosung und Zerfall	S. 13–20	U-Gespräch, Mal- u. Zeichenauftrag, Tafelskizze, Partnerarbeit, Einzelarbeit, Schreibauftrag
2.2	Hoffnungsträgerin und groteske Erscheinung – Die Ankunft Claire Zachanassians in Güllen	S. 22 S. 28–31	Mal- u. Zeichenauftrag, Arbeitsfragen, Einzelarbeit, Tafelskizze, Partnerarbeit, Arbeitsblatt 5, Arbeitsblatt 6
2.3	Eine Milliarde für Ills Leben – Die Entstehung des dramatischen Konflikts	S. 44–50	Arbeitsblatt 7, Arbeitsblatt 8, Schreibauftrag, Szenisches Spiel, Einzelarbeit, Tafelskizze

Baustein 3: Die Besucher – Die Milliardärin und ihr Gefolge (S. 38–55 im Modell)

3.1	Mythologische Deutungsmöglichkeiten – C. Zachanassian als Klotho und Medea	S. 88–91	Einzelarbeit, Partnerarbeit, Tafelskizze, U-Gespräch, Schreibauftrag, Arbeitsblatt 9, Arbeitsblatt 10, Arbeitsblatt 11, Arbeitsblatt 12, Arbeitsblatt 13
3.2	Die Szenen im Konradsweilerwald – Die Beziehung zwischen A. Ill und C. Zachanassian	S. 35–40 S. 113–118	Szenisches Spiel, U-Gespräch, Schreibauftrag, Szenisches Spiel, Partnerarbeit, Tafelskizze
3.3	Butler und Gatten als entpersonalisiertes Gefolge	S. 32, S. 47–48	Szenisches Spiel, U-Gespräch, Einzelarbeit, Tafelskizze, Schreibauftrag, Arbeitsfrage, Arbeitsblatt 14, Arbeitsblatt 15

Bildnachweis

|Diogenes Verlag AG, Zürich: aus: Friedrich Dürrenmatt Der Besuch der alten Dame Copyright © 1998 Diogenes Verlag AG Zürich 87. |Kettel, Michael, Biberach: Aufführung der Studiobühne der Jugendkunstschule Biberach, 2001 9, 116, 116, 116. |Picture-Alliance GmbH, Frankfurt/M.: akg-images/Stauss, Niklaus 118.

© 2006 Bildungshaus Schulbuchverlage Westermann Schroedel Diesterweg Schöningh Winklers GmbH, Georg-Westermann-Allee 66, 38104 Braunschweig
service@westermann.de, www.westermann.de

Das Werk und seine Teile sind urheberrechtlich geschützt. Jede Nutzung in anderen als den gesetzlich zugelassenen bzw. vertraglich zugestandenen Fällen bedarf der vorherigen schriftlichen Einwilligung des Verlages. Wir behalten uns die Nutzung unserer Inhalte für Text und Data Mining im Sinne des UrhG ausdrücklich vor. Nähere Informationen zur vertraglich gestatteten Anzahl von Kopien finden Sie auf www.schulbuchkopie.de.

Für Verweise (Links) auf Internet-Adressen gilt folgender Haftungshinweis: Trotz sorgfältiger inhaltlicher Kontrolle wird die Haftung für die Inhalte der externen Seiten ausgeschlossen. Für den Inhalt dieser externen Seiten sind ausschließlich deren Betreiber verantwortlich. Sollten Sie daher auf kostenpflichtige, illegale oder anstößige Inhalte treffen, so bedauern wir dies ausdrücklich und bitten Sie, uns umgehend per E-Mail davon in Kenntnis zu setzen, damit beim Nachdruck der Verweis gelöscht wird.

Bei der Übernahme von Werkteilen (Grafiken) aus den Arbeitsblättern sind Sie verpflichtet, das Namensnennungsrecht des Urhebers zu beachten und die Namensnennung in ein neues Arbeitsblatt mit einzufügen. Unterlassungen dieser Verpflichtung stellen einen urheberrechtlichen Verstoß dar, der zu urheberrechtlichen Schadensersatzansprüchen führen kann.

Druck A^{14} / Jahr 2025
Alle Drucke der Serie A sind im Unterricht parallel verwendbar.

Umschlaggestaltung: Jennifer Kirchhof
Druck und Bindung: Westermann Druck GmbH, Georg-Westermann-Allee 66, 38104 Braunschweig

ISBN 978-3-14-**022417**-8

Vorwort

Der vorliegende Band ist Teil einer Reihe, die Lehrerinnen und Lehrern erprobte und an den Bedürfnissen der Schulpraxis orientierte Unterrichtsmodelle zu ausgewählten Ganzschriften und weiteren relevanten Themen des Faches Deutsch bietet.
Im Mittelpunkt der Modelle stehen Bausteine, die jeweils thematische Schwerpunkte mit entsprechenden Untergliederungen beinhalten.
In übersichtlich gestalteter Form erhält der Benutzer/die Benutzerin zunächst einen Überblick zu den im Modell ausführlich behandelten Bausteinen.

Es folgen:

- Hinweise zu den Handlungsträgern
- Zusammenfassung des Inhalts und der Handlungsstruktur
- Vorüberlegungen zum Einsatz des Buches im Unterricht
- Hinweise zur Konzeption des Modells
- Ausführliche Darstellung der einzelnen Bausteine
- Zusatzmaterialien

Ein besonderes Merkmal der Unterrichtsmodelle ist die Praxisorientierung. Enthalten sind kopierfähige Arbeitsblätter, Vorschläge für Klassen- und Kursarbeiten, Tafelbilder, konkrete Arbeitsaufträge, Projektvorschläge. Handlungsorientierte Methoden sind in gleicher Weise berücksichtigt wie eher traditionelle Verfahren der Texterschließung und -bearbeitung.
Das Bausteinprinzip ermöglicht es dabei den Benutzern, Unterrichtsreihen in unterschiedlicher Weise und mit unterschiedlichen thematischen Akzentuierungen zu konzipieren. Auf diese Weise erleichtern die Modelle die Unterrichtsvorbereitung und tragen zu einer Entlastung der Lehrkräfte bei.

Das vorliegende Modell bezieht sich auf folgende Textausgabe: Friedrich Dürrenmatt: Der Besuch der alten Dame. Eine tragische Komödie. Neufassung 1980. Diogenes Verlag 1998. ISBN: 3-257-23045-1

Texte von Friedrich Dürrenmatt erscheinen aus lizenzrechtlichen Gründen nicht in reformierter Schreibung.

 Arbeitsfrage

 Einzelarbeit

 Partnerarbeit

 Gruppenarbeit

 Unterrichtsgespräch

 Schreibauftrag

 szenisches Spiel, Rollenspiel

 Mal- und Zeichenauftrag

 Bastelauftrag

 Projekt, offene Aufgabe

Inhaltsverzeichnis

1. **Die wichtigsten Personen des Dramas** 10

2. **Die Handlung** 11

3. **Vorüberlegungen zum Einsatz des Dramas im Unterricht** 13

4. **Konzeption des Unterrichtsmodells** 15

5. **Die thematischen Bausteine des Unterrichtsmodells** 17

    Baustein 1: Die Frage des Einstiegs 17
    1.1 Dramatis Personae – Antizipieren 17
    1.2 Sich einen Überblick verschaffen – Strukturieren 18
    1.3 Zitatencollage – Diskutieren 18
    Arbeitsblatt   1: Die Struktur des Dramas 20
    Arbeitsblatt   2: Die Struktur des Dramas (Lösungsvorschlag) 21
    Arbeitsblatt   3: Stummes Schreibgespräch 22
    Arbeitsblatt   4: Zitatencollage 23

    Baustein 2: Exposition und dramatischer Konflikt – Der erste Akt 24
    2.1 Die Stadt Güllen und ihre Bewohner als Spiegel von Verwahrlosung und Zerfall 24
    2.2 Hoffnungsträgerin und groteske Erscheinung – Die Ankunft Claire Zachanassians in Güllen 28
    2.3 Eine Milliarde für Ills Leben – Die Entstehung des dramatischen Konflikts 32
    Arbeitsblatt   5: Die Begriffe „Groteske" und „grotesk" 34
    Arbeitsblatt   6: Das Groteske im Werk Dürrenmatts 35
    Arbeitsblatt   7: K. Wäscher und A. Ill vor 45 Jahren – Stationen ihrer Beziehung 36
    Arbeitsblatt   8: K. Wäscher und A. Ill vor 45 Jahren – Stationen ihrer Beziehung (Lösungsvorschlag) 37

    Baustein 3: Die Besucher – Die Milliardärin und ihr Gefolge 38
    3.1 Mythologische Deutungsmöglichkeiten – C. Zachanassian als Klotho und Medea 38
    3.2 Die Szenen im Konradsweilerwald – Die Beziehung zwischen C. Zachanassian und A. Ill 42
    3.3 Butler und Gatten als entpersonalisiertes Gefolge 44
    Arbeitsblatt   9: Von Losen, dem Schicksal und Lebensfäden – Klotho, Lachesis und Atropos in der antiken Mythologie – Ein Sachtext 49
    Arbeitsblatt 10: Medeia (Medea), Tochter des Königs Aietes von Kolchis 50
    Arbeitsblatt 11: Dramenszenen beschreiben und deuten 51
    Arbeitsblatt 12: „Güllen für einen Mord, Konjunktur für eine Leiche" – Gesprächsanalyse 52
    Arbeitsblatt 13: „Güllen für einen Mord, Konjunktur für eine Leiche" – Gesprächsanalyse (Lösungsvorschlag) 53
    Arbeitsblatt 14: Die Sprache der beiden blinden Männer 54
    Arbeitsblatt 15: Charaktere und Typen – Figuren in einem Drama 55

Baustein 4: Die Güllener Bürger als Verräter – Der zweite Akt 56
4.1 Ein Mord kündigt sich an – Chronologie eines Verrats 56
4.2 Die Jagd nach dem schwarzen Panther – Analyse eines Motivs 61
Arbeitsblatt 16: Schritt für Schritt zur Dialoganalyse 64
Arbeitsblatt 17: Eine Dialoganalyse überarbeiten 66
Arbeitsblatt 18: Eine Dialoganalyse überarbeiten (Lösungsvorschlag) 67
Arbeitsblatt 19: Ein Standbild bauen 68
Arbeitsblatt 20: Der schwarze Panther textchronologisch –
 Ein Puzzle aus Textzitaten 69
Arbeitsblatt 21: Der schwarze Panther textchronologisch –
 Ein Puzzle aus Textzitaten (Lösungsvorschlag) 70

Baustein 5: Die Güllener Bürger als Mörder – Der dritte Akt 71
5.1 Die Gemeindeversammlung als mediale Inszenierung 71
5.2 Der Mord als kollektive Tat der Güllener Bürger 78
5.3 Zur Bedeutung des Schlusschors 80
Arbeitsblatt 22: Die Rolle der Presse während der Gemeindeversammlung 85
Arbeitsblatt 23: Die Rolle der Presse während der Gemeindeversammlung
 (Lösungsvorschlag) 86
Arbeitsblatt 24: Die Mordszene in der Frühfassung von 1955 87
Arbeitsblatt 25: Rollenkarten 1 88
Arbeitsblatt 26: Rollenkarten 2 89
Arbeitsblatt 27: Die Frage nach der Schuld 90
Arbeitsblatt 28: Zur Geschichte und Bedeutung des Chors im Drama 91
Arbeitsblatt 29: Auszug aus Sophokles' „Antigone" 92

**Baustein 6: Hintergründe – Der Autor, Gerechtigkeit als Thema seiner
 Werke, die Dramentheorie und Rezensionen** 93
6.1 Der Autor Friedrich Dürrenmatt und seine Arbeit als Schriftsteller 93
6.2 Die Frage nach der Gerechtigkeit 96
6.3 Ein lachendes und ein weinendes Auge – Dramentheoretische Überlegungen 99
6.4 Stimmen zum „Besuch der alten Dame" – Rezensionen 101
Arbeitsblatt 30: Dürrenmatt zur Entstehung seiner Theaterstücke 105
Arbeitsblatt 31: Wie hält man einen gelungenen Kurzvortrag? 107
Arbeitsblatt 32: Die Gerechtigkeit – Zitatensammlung 108
Arbeitsblatt 33: Ein Auszug aus dem „Monstervortrag über Gerechtigkeit
 und Recht" (Dürrenmatt, 1983); Thesen 109
Arbeitsblatt 34: Die Begriffe Komödie und Tragödie 110
Arbeitsblatt 35: Markus Apel: Die klassische (geschlossene) Dramenform 112
Arbeitsblatt 36: „Uns kommt nur noch die Komödie bei" – Zu Dürrenmatts
 Dramentheorie 113
Arbeitsblatt 37: Stimmen zum Stück „Der Besuch der alten Dame" –
 Eine Rezension zur Uraufführung 1956 115

6. Zusatzmaterial 116
 Z1: Szenenfotos 116
 Z2: Richtig zitieren – aber wie? 117
 Z3: Friedrich Dürrenmatt – Eine Kurzbiografie 118
 Z4: Rezensionen 119
 Z5: Die Henkersmahlzeit – Auszug aus Dürrenmatts Kriminalroman
 „Der Richter und sein Henker" (1952) 122

Der Besuch der alten Dame

„Die Versuchung ist zu groß und unsere Armut zu bitter. Aber ich weiß noch mehr. Auch ich werde mitmachen. Ich fühle, wie ich langsam zum Mörder werde. Mein Glaube an die Humanität ist machtlos. Und weil ich es weiß, bin ich ein Säufer geworden. Ich fürchte mich, Ill, so wie Sie sich gefürchtet haben. Noch weiß ich, daß auch zu uns einmal eine alte Dame kommen wird, eines Tages, und daß dann mit uns geschehen wird, was nun mit Ihnen geschieht, doch bald, in wenigen Stunden vielleicht, werde ich es nicht mehr wissen." (Der Lehrer)

Aus: Friedrich Dürrenmatt: Der Besuch der alten Dame. Copyright © 1998 Diogenes Verlag AG, Zürich.

Die wichtigsten Personen des Dramas

Alfred Ill: Krämer im verarmten Ort Güllen, ist verheiratet und hat zwei Kinder, hatte in seiner Jugend eine Liebschaft mit der Milliardärin, die in Güllen erwartet wird; deshalb haben seine Mitbürger die Hoffnung, dass er der alten Dame eine großzügige Spende entlocken kann.

Claire Zachanassian: War vor über 40 Jahren eine Bürgerin Güllens, hieß damals Klara Wäscher, kehrt nun zurück, um den Ort durch die Spende von einer Milliarde zu sanieren, knüpft daran aber die Bedingung, dass Alfred Ill umgebracht wird, weil dieser sie in ihrer Jugend geschwängert, verlassen und verraten hat.

C. Zachanassians Gefolge: Bestehend aus einem Butler, vier Dienern und mehreren nacheinander erscheinenden Gatten, alle tragen ähnlich klingende Namen und befinden sich in ausgeprägter Abhängigkeit von der alten Dame.

Der Lehrer: Angesehene Persönlichkeit Güllens, wirkt meinungsbildend an den Ereignissen mit, versucht zeitweise, die Wahrheit über das Angebot der alten Dame zu verbreiten, schließt sich dann aber der allgemeinen Abwendung von Alfred Ill an.

Der Bürgermeister: Angesehener Würdenträger, lehnt das Angebot der alten Dame zunächst im Namen der Menschlichkeit ab, verwehrt Ill aber später die Hilfe und wirkt maßgeblich an seiner Tötung mit.

Der Polizist: Sollte in seiner Rolle als Wahrer der Gesetze Ills Hilfegesuche annehmen, kümmert sich aber stattdessen um die Tötung des Panthers (entlaufenes Haustier Claire Zachanassians).

Der Pfarrer: Verkörpert das Christliche und Mitmenschliche, ermahnt Alfred, seine Sünden zu erkennen und sie zu bereuen.

Die Bürger Güllens: Sie sind verarmt, sehen als Ausweg nur das Geld der Milliardärin, halten zunächst zu Alfred Ill, wenden sich aber dann von ihm ab, verschulden sich und töten Alfred Ill „im Namen der Menschlichkeit" als Strafe für seine Sünden.

Die Handlung

Erster Akt

Güllen ist eine kleine, zerfallene Stadt, deren verarmte Bürger am Bahnhof den Empfang einer ehemaligen Bürgerin vorbereiten, Claire Zachanassian, die in den vergangenen vierzig Jahren zu einer Milliardärin geworden ist. Von ihr erhoffen die Güllener eine so großzügige Spende, dass ihre wirtschaftlichen Probleme beseitigt werden können.
Unter den Wartenden befindet sich auch Alfred Ill, der Krämer des Ortes. Mit ihm verband die Milliardärin eine Jugendliebe, was die Anwesenden jetzt auf die Großzügigkeit Claire Zachanassians hoffen lässt.
Überraschend entsteigt diese einem Schnellzug, der normalerweise in Güllen nicht anhält, und unterbricht so die Vorbereitungen. Während die Bürger den Empfang dennoch möglichst stilvoll durchzuführen versuchen, sucht die Milliardärin das Gespräch mit verschiedenen Bürgern und deutet mehrfach einen bevorstehenden Todesfall an. Ihr Gefolge, das aus einem Gatten, einem Butler und vier Dienern mit gleich klingenden Namen besteht, führt außerdem im Gepäck einen Sarg mit. Hinter Claire Zachanassian in einer Sänfte und dem Gefolge mit dem Sarg ziehen die Güllener in die Stadt.
Es kommt zu einem Treffen zwischen Alfred Ill und Claire Zachanassian im Konradsweilerwald, dem Ort, der auch während der Liebesbeziehung als Treffpunkt diente. In einem von der Milliardärin sehr unromantisch gestalteten Gespräch stellt sich heraus, dass Alfred Ill seine Geliebte verließ, um eine Frau mit Geld zu heiraten, im Verlauf des wirtschaftlichen Verfalls aber ebenfalls verarmte. Claire sagt ihm im Laufe des Gesprächs Hilfe für Güllen zu.
In der letzten Szene des ersten Aktes findet der feierliche offizielle Empfang der Milliardärin im Güllener Wirtshaus statt. In einer Rede eröffnet Claire Zachanassian den Güllenern, dass Alfred Ill sie in ihrer Jugend geschwängert und dieses öffentlich bestritten hat. Im daraufhin stattfindenden Prozess bezahlte er Zeugen für Falschaussagen. Claire Zachanassian – damals noch Klara Wäscher – musste den Ort in Schande verlassen, das Kind weggeben und sich prostituieren. Sie macht den Güllenern das Angebot, ihnen eine Milliarde zu schenken, wenn jemand Alfred Ill umbringt. Der Bürgermeister lehnt das Angebot unter Berufung auf die Menschlichkeit ab.

Zweiter Akt

Im Verlauf des zweiten Aktes beginnen die Güllener, in Ills Laden viel Geld für luxuriöse Waren auszugeben, die sie sich eigentlich nicht leisten können, und verschulden sich dabei.
Er bekommt Angst, weil er ahnt, dass die Güllener früher oder später das Angebot annehmen werden. Er sucht Hilfe beim Polizisten, beim Bürgermeister und beim Pfarrer, aber alle drei wollen sein Anliegen nicht verstehen und greifen Alfred Ill für sein früheres unmoralisches Verhalten an.
Claire Zachanassian residiert derweil in einem Hotel am Hauptplatz Güllens und beobachtet von ihrem Balkon aus die Ereignisse.
Parallel zu dieser Entwicklung jagen die Güllener den schwarzen Panther, das Haustier Claire Zachanassians, der ausgebrochen ist und eingefangen werden muss. Darum kümmern sich die Güllener Bürger, während Alfred Ill ihre Hilfe und Unterstützung sucht. In seiner Not dringt er in Claire Zachanassians Hotelzimmer ein und bedroht sie mit einem Gewehr, sie bleibt unbeeindruckt und erinnert ihn an ihre vergangene Liebe.
In der letzten Szene des Aktes entschließt sich Ill, Güllen zu verlassen. Auf dem Weg zum Bahnhof schließen sich ihm zahlreiche Bürger an, die ihn vor dem Zug einkreisen und ihn so an der Flucht hindern, ohne ihn aktiv zu bedrängen. Alfred Ill bricht zusammen.

Dritter Akt

Der dritte Akt beginnt mit einer Szene in der Peter'schen Scheune, in der der Arzt und der Lehrer die alte Dame davon überzeugen wollen, ihre Milliarde nicht zu verschenken, sondern gewinnbringend in die Güllener Wirtschaft zu investieren. Die Milliardärin eröffnet ihnen daraufhin, dass sie sämtliche Wirtschaftszweige der Stadt bereits aufgekauft hat und für ihren Ruin verantwortlich ist.

Die Güllener Bürger verurteilen Alfred Ill derweil mehr und mehr für seine Taten, gegenüber der mittlerweile anwesenden Presse wird die Geschichte der beiden jedoch beschönigt und verharmlost.

Der Lehrer betrinkt sich in Ills Laden und schickt sich an, die Wahrheit zu verkünden. Er wird von den Güllenern und auch von Ill selbst daran gehindert.

Im Anschluss daran erscheint der Bürgermeister, um vorzuschlagen, dass Ill sich selber töten solle. Dieser lehnt ab, versichert aber, sich dem Urteil der Güllener nicht entziehen zu wollen.

In einer zweiten Szene im Konradsweilerwald unterhalten sich Claire Zachanassian und Alfred Ill auf eine emotionalere Art und Weise als in der ersten Szene über ihre Vergangenheit, Ill erfährt die Geschichte der gemeinsamen Tochter. Claire offenbart ihm ihre tiefe Liebe und erzählt ihm, dass sie in ihrem Haus auf Capri ein Mausoleum für ihn gebaut habe.

Während einer Bürgerversammlung in Anwesenheit der Presse fällen die Güllener das Todesurteil über Alfred Ill. Offiziell verhandeln sie über die Frage, ob sie das Angebot der Milliardärin als soziales Experiment annehmen wollen, nur Eingeweihte verstehen, dass über Ills Leben verhandelt wird. Sie verurteilen Ill im Namen des Humanismus und der Gerechtigkeit mit der Begründung, dieser müsse für seine Vergehen an Klara Wäscher bestraft werden.

Nach der Entscheidung verlassen die Presseleute den Saal, und die Güllener Bürger bringen Ill gemeinschaftlich um.

In der letzten Szene verabschieden sich die Güllener in einem feierlichen Chorgesang von der Milliardärin, die Ill in seinem Sarg mitnimmt.

Vorüberlegungen zum Einsatz des Dramas im Unterricht

Das Drama „Der Besuch der alten Dame" von Friedrich Dürrenmatt wurde 1956 in Zürich uraufgeführt und erschien im gleichen Jahr erstmalig als Buchausgabe. Das Stück avancierte zum meistgespielten Werk der Saison 1956 und 1957 und gründet neben „Die Physiker" den Weltruhm Dürrenmatts.
Die Anforderungen einer kleinen Bühne machten verschiedene Veränderungen nötig, das vorliegende Unterrichtsmodell bezieht sich auf die „Neufassung 1980", die Dürrenmatt eigens für die Werkausgabe bei Diogenes geschrieben hat.
1964 erschien die wohl berühmteste Filmfassung unter dem Titel „The Visit" mit Ingrid Bergmann und Anthony Quinn in den Hauptrollen, die jedoch inhaltlich entscheidende Veränderungen, vor allem in der Gestaltung des Schlusses, vornahm. Da der Film heute nur schwer erhältlich ist, verzichtet das vorliegende Modell auf einen Vergleich zwischen der Filmfassung und dem Drama.
Dürrenmatts Drama lehnt sich explizit an die Tradition des griechischen Dramas an durch Verweise auf die griechische Mythologie (Medea, Ödipus) und Übernahme von Elementen wie dem Chorgesang; dies macht das Werk auch für angehende Oberstufenschüler anspruchsvoll und interessant. Auf der anderen Seite grenzt Dürrenmatt sein Drama durch die sprachliche Gestaltung, durch Stilmittel des Grotesken und parodierende Elemente deutlich von den Traditionen des griechischen Theaters ab, was das Werk auch für ungeübtere Schüler gut zugänglich und reizvoll macht.
Das vorliegende Modell ist im Wesentlichen konzipiert für einen Unterricht in den Klassen 9 und 10 und gewährleistet Einsatzmöglichkeiten für Lerngruppen, die sich das erste Mal mit einem Drama befassen. Differenzierende Erarbeitungsvorschläge ermöglichen auch einen Einsatz des Modells in der Oberstufe. In diesem Fall kann der Schwerpunkt auf den analysierenden Arbeitsaufträgen und den Bausteinen liegen, die sich mit den dramentheoretischen und rezeptionsgeschichtlichen Hintergründen beschäftigen (Baustein 6).
Eine Kombination aus textanalytischen und produktiven Arbeitsaufträgen ermöglicht einen Umgang mit diesem dramatischen Text, der auch den Anforderungen der neuen Lehrpläne gerecht wird. Der Gattung Drama wird in besonderer Weise Rechnung getragen durch Arbeitsaufträge, die den Schülern einen Textzugang durch unterschiedliche Formen des szenischen Spiels bzw. des szenischen Lesens ermöglichen.
Durch eine Auseinandersetzung mit der Entstehungsgeschichte des Werkes und dem Beurteilen von Funktionen bestimmter Elemente lernen die Schülerinnen und Schüler, die Prozesshaftigkeit des Schreibens zu reflektieren.
Die wichtigsten Themen des Dramas sind für die Schüler nachvollziehbar und auch vom heutigen Standpunkt aus diskussionswürdig: das Umdeuten von moralischen Vorstellungen für den eigenen Profit, der Einfluss von Geld auf unsere Gesellschaft, das eigene Verständnis von Gerechtigkeit, das Bewerten von Schuld etc. Dabei sind die Hauptfiguren des Werkes nicht in erster Linie Identifikationsfiguren für die Schülerinnen und Schüler, sondern versetzen die Zuschauenden bzw. Lesenden vielmehr in eine distanzierte Haltung, aus der die Vorgänge beobachtet und beurteilt werden können.

Mögliche Klassenarbeiten:

1. *Für Szenenanalysen bieten sich die im Modell (Baustein 3 und 4) analysierten Abschnitte des Dramas an:*
Analysiere das Gespräch Ills mit dem Bürgermeister/dem Polizisten/dem Pfarrer.

2. Analysiere den Beginn des Dramas (S. 14–31) in Bezug auf seine Funktion als Exposition.

3. Analysiere die Szene in Ills Laden (S. 51–55) unter dem Aspekt, was sie über das Verhältnis der Güllener zu Ill aussagt.

4. In der Szene S. 98–100 sagt der Lehrer: „Ich erzähle den Herren von der Presse die Wahrheit [...]", S. 99. Stell dir vor, der Lehrer wäre nicht daran gehindert worden, die Wahrheit auszusprechen. Verfasse seine Rede.

5. Nach dem Mord treffen sich der Pfarrer, der Polizist, der Bürgermeister und der Arzt zu einem Gespräch, in dem sie ihr Verhalten und den Mord an Ill rechtfertigen. Verfasse dieses Gespräch. Ähnlich ist folgender Vorschlag:

6. Stell dir vor, es kommt zu einem Prozess gegen die Güllener Bürger wegen des Mordes an Ill. Verfasse eine Verteidigungsrede der Güllener oder ihres Verteidigers.

Für die Oberstufe:

1. Vergleichen Sie den Chor aus „Antigone" mit dem Schlusschor der Güllener in Dürrenmatts tragischer Komödie „Der Besuch der alten Dame" (vgl. Baustein 5.3). Arbeiten Sie insbesondere heraus, was jeweils unter dem „Ungeheuren" zu verstehen ist.

2. Analysieren Sie die Rezension von Hansres Jakobi aus dem Jahr 1956 (s. Zusatzmaterial 4) und erörtern Sie die dort vorgetragene Einschätzung der Figuren Ill und Zachanassian kritisch vor dem Hintergrund Ihres eigenen Dramenverständnisses. (Mit einem ähnlichen Arbeitsauftrag kann auch die zweite Rezension aus dem Zusatzmaterial 4 von H. Beckmann als Klausur gestellt werden.)

3. Analysieren Sie den Auszug aus Dürrenmatts „Theaterproblemen" und arbeiten Sie das dort dargestellte Verhältnis von Tragödie und Komödie heraus. Erläutern Sie abschließend den Satz „Uns kommt nur noch die Komödie bei".

Mögliche Facharbeiten:

1. Das Drama „Der Besuch der alten Dame" als „Tragische Komödie" – Eine dramentheoretische Analyse

2. Das Thema „Gerechtigkeit" in Dürrenmatts Kriminalromanen „Der Verdacht" und „Der Richter und sein Henker" – Ein Vergleich

3. Das Groteske als Stilmittel im dramatischen Werk Dürrenmatts

Hilfreiche Literatur:

- Dürrenmatt, Friedrich: Theater: Essays, Gedichte, Reden. Zürich: Diogenes Verlag 1998.
- Friedrich Dürrenmatt. Mit Selbstzeugnissen und Bilddokumenten. Dargestellt von Heinrich Goertz. 8. Aufl. Reinbek bei Hamburg: Rowohlt 1998 (Reihe Rowohlts Monografien).
- http://www.ub.fu-berlin.de/internetquellen/fachinformation/germanistik/autoren/ (Internetseiten der FU Berlin mit einer ausführlichen und kommentierten Linkliste zum Leben und Werk Dürrenmatts) (2006)
- Knapp, Gerhard: Friedrich Dürrenmatt. 2., überarbeitete u. erweiterte Aufl. Stuttgart: Metzler 1993 (Reihe Sammlung Metzler. Realien zur Literatur).
- Schmidt, Karl: Friedrich Dürrenmatt. Der Besuch der alten Dame. Durchges. Aufl. Stuttgart: Reclam 1999 (Reihe Erläuterungen und Dokumente).

Konzeption des Unterrichtsmodells

Die Bausteine dieses Unterrichtsmodells bieten Möglichkeiten der Unterrichtsgestaltung über verschiedene Einstiege, analytische oder produktive Methoden zur Untersuchung verschiedener Szenen und Charakterisierung einzelner Personen bis hin zu über den Text hinausgehenden Themen wie Rezeptionsgeschichte u. Ä.

Baustein 1 bietet drei unterschiedliche Einstiegsmöglichkeiten in das Drama „Der Besuch der alten Dame" an. Vor der Lektüre können die Schülerinnen und Schüler über die Dramatis Personae die Thematik antizipieren, eine Zitatencollage bietet eine Einstiegsmöglichkeit nach dem Lesen des Dramas, und ein Überblick über die Struktur des Dramas ermöglicht den Schülerinnen und Schülern einen nachhaltigen Überblick, der auch lesebegleitend inhaltliche Orientierung bietet.

In **Baustein 2** wird der erste Akt thematisiert, die Schülerinnen und Schüler erarbeiten die Exposition des Dramas, sie analysieren die Situation Güllens und ihrer Bewohner, einen Schwerpunkt dabei bildet der Protagonist Alfred Ill. Im Anschluss daran wird Claire Zachanassian vorläufig charakterisiert, ihre grotesken Züge werden untersucht und in ihrer Funktion beleuchtet. Auch die Entstehung des dramatischen Konflikts wird deutlich. Die Struktur des zweiten Bausteins ermöglicht ein sukzessives Lesen des Dramas.

Nach der ersten Charakterisierung Claire Zachanassians im zweiten Baustein wird die Protagonistin in **Baustein 3** vor allem im Hinblick auf die mythologischen Deutungsmöglichkeiten untersucht, die Dürrenmatt in dieser Hauptfigur anlegt. Sie wird als planvoll handelnde Frau gekennzeichnet, die wie Klotho Lebensfäden spinnt, in ihrer Rachsucht erscheint sie wie die Medea der griechischen Mythologie. Claire Zachanassians Beziehung zu Alfred Ill wird vor allem anhand der beiden Szenen im Konradsweilerwald untersucht, hier ergänzen szenische Zugänge die textanalytischen. Abschließend geht es um das Gefolge der alten Dame, vor allem die beiden blinden Männer werden als Spielbälle im rachsüchtigen Handeln Claire Zachanassians gekennzeichnet.

In **Baustein 4** werden die Entwicklungen deutlich, die dazu führen, dass die Güllener trotz ihrer spontanen Ablehnung des Angebots der alten Dame letztendlich doch Alfred Ill verurteilen und seine Tötung planen. Nachdem die Schülerinnen und Schüler diese Entwicklung untersucht haben, analysieren sie die Jagd auf den schwarzen Panther als Parallelhandlung auf die „Jagd" auf Ill.

Der **Baustein 5** bildet den Abschluss der Textanalyse, er schließt sich textchronologisch an den vorherigen an. Einen Schwerpunkt bildet die Gemeindeversammlung, in der die Güllener den Tod Alfred Ills beschließen. Dabei wird das Verhalten der wichtigsten Personen untersucht, auch die Rolle der Presse wird hier problematisiert. Die Funktion der Mordszene erarbeiten die Schülerinnen und Schüler anhand einer früheren Fassung der Szene, sie verstehen dadurch auch den Prozesscharakter des Schreibens. Abschließend schlägt dieser Baustein noch einmal die Brücke zur klassischen griechischen Tragödie, indem der Schlusschor untersucht wird, den Dürrenmatt an den Chor aus „Antigone" (Sophokles) anlehnt.

Baustein 6 schließlich bietet über den Text hinausgehende Themenschwerpunkte an. Die Schülerinnen und Schüler lernen den Autor Friedrich Dürrenmatt näher kennen, sie befassen sich nicht nur mit seiner Biografie, sondern auch mit seiner Arbeitsweise. Textauszüge aus seinem Essay „Theaterprobleme" ermöglichen eine Auseinandersetzung mit Dürrenmatts Dramentheorie. Verschiedene Rezensionen zur Uraufführung des Werks bieten die Möglichkeit zu einer abschließenden kritischen Auseinandersetzung. Schließlich steht das Thema „Gerechtigkeit" im Mittelpunkt, hier besteht auch die Möglichkeit eines Vergleichs der Gerechtigkeitsauffassungen Claire Zachanassians mit der des Protagonisten aus Dürrenmatts Kriminalroman „Der Richter und sein Henker".

Die thematischen Bausteine des Unterrichtsmodells

Baustein 1

Die Frage des Einstiegs

Dieser Baustein bietet drei Einstiegsmöglichkeiten in das Drama an. Der Einstieg über die Dramatis Personae sollte vor der Lektüre stattfinden, die Schülerinnen und Schüler antizipieren hier über das Personenverzeichnis die Thematik des Dramas, die Lesemotivation wird so geweckt. Die zweite Möglichkeit kann auch lesebegleitend eingesetzt werden, der Überblick über die Struktur des Dramas erleichtert den Schülerinnen und Schülern das Verstehen der Handlung. Die dritte Möglichkeit, der Einstieg mit der Zitatencollage, ist erst nach dem Lesen möglich, die Schülerinnen und Schüler haben hier die Möglichkeit, ihre ersten Leseeindrücke zu thematisieren.

1.1 Dramatis Personae – Antizipieren

Der Einstieg über das Personenverzeichnis des Dramas bietet sich an, bevor die Schülerinnen und Schüler das Werk gelesen haben, da sie antizipierend Vermutungen über die Charaktere, die Beziehungen und die Handlung anstellen können, was ihre Lesemotivation stärken soll.
Auffällig ist z. B. auf den ersten Blick die Aufteilung der Personen in die Gruppen „Die Besucher", „Die Besuchten", „Die Sonstigen" und „Die Lästigen". Auch die Durchnummerierung der Gatten und die Namensähnlichkeiten von Toby, Roby, Koby und Loby bieten einen Gesprächsanlass.
Der Reichtum der Claire Zachanassian geht ebenso aus dem Personenverzeichnis hervor wie die Tatsache, dass Ill offenbar eine besondere Rolle spielt, da er als einer von wenigen namentlich genannt wird und außerdem seine ganze Familie erwähnt ist. Auffällig ist auch, dass die Gruppe der Besuchten sehr groß ist, der Besuch also scheinbar einem ganzen Ort gilt.
Aus diesen Beobachtungen können die Schülerinnen und Schüler Schlussfolgerungen ziehen; z. B. könnte das Mitwirken eines Polizisten darauf hindeuten, dass ein Verbrechen geschieht, welches möglicherweise damit zu tun hat, dass eine Multimillionärin zu den Besuchern gehört.
Das Herausragen der namentlich genannten und jeweils an erster Stelle einer Gruppe stehenden Personen Claire Zachanassian und Ill gibt Anlass zu der Vermutung, dass diese die Hauptrollen spielen und in einer Beziehung zueinander stehen, die sie von den übrigen Beteiligten abhebt.

Das Personenverzeichnis wird der Lerngruppe auf Folie dargeboten, Impulse für das folgende Unterrichtsgespräch können z. B. sein:

- *Beschreibt, welche Personen im Drama auftreten.*
- *Was fällt euch an den Personen auf?*
- *In welcher Beziehung könnten die einzelnen Personen zueinander stehen?*
- *Worum könnte es in dem Drama gehen?*

Die geäußerten Vermutungen und das entstehende Bild der Handlung und der verschiedenen Beziehungen wird auf der Tafel festgehalten und für die Unterlagen notiert, um zu einem späteren Zeitpunkt der Unterrichtsreihe darauf zurückgreifen zu können.

1.2 Sich einen Überblick verschaffen – Strukturieren

Der hier vorgeschlagene Einstieg zielt auf die Struktur des Dramas, bietet also einen analytischen Zugang; er kann lektürebegleitend eingesetzt werden. Auch im Anschluss an die Lektüre des gesamten Dramas kann er von den Schülerinnen und Schülern bearbeitet werden, um ihre Kenntnisse zu den einzelnen Akten strukturiert zusammenzufassen und zu rekapitulieren. In der weiteren Arbeit mit dem Stück kann auf die Übersicht wieder zurückgegriffen werden, um z. B. einzelne Szenen in den Kontext einzubetten.

Das vorgeschlagene **Arbeitsblatt 1** (S. 20) gliedert den Inhalt des Stückes mithilfe der Kategorien „Handlung", „Orte und Zeit" und „Hauptfiguren", es kann je nach Leistungsstand der Lerngruppe abgewandelt werden, indem beispielsweise die Einteilung in Szenen von den Schülerinnen und Schülern selbst vorgenommen wird. Es bietet sich auch an, die Schülerinnen und Schüler zusammenfassende Überschriften für jeden der drei Akte finden zu lassen, auf diese Weise können sie an späterer Stelle auf die Entwicklung der Handlung eingehen und die Funktion der Akte erläutern. Aus dieser Übersicht können die Schülerinnen und Schüler ein eigenes Inhaltsverzeichnis erstellen, das sie in ihre Ausgabe des Dramas einfügen.

- *Strukturiere den Inhalt des Stückes, indem du die Übersicht ergänzt, und gib jeder Szene einen Titel. Finde auch zu jedem Akt eine zusammenfassende Überschrift. Erstelle daraus dein eigenes Inhaltsverzeichnis, das du in dein Buch schreibst/klebst.*

Bei der Auswertung der Ergebnisse kann im zweiten Akt auch auf die parallele Gestaltung von Pantherjagd und Ills Rettungsversuche eingegangen werden (vgl. Baustein 4.2).

1.3 Zitatencollage – Diskutieren

Die Zitatencollage dient als Einstiegsstunde nach abgeschlossener Lektüre. Die Schülerinnen und Schüler erhalten eine Zusammenstellung von Zitaten aus dem Drama und bearbeiten sie wie folgt:

- *Wähle drei Zitate aus, denen du zustimmst oder die du ablehnst. Beschreibe mit eigenen Worten, worum es in der Aussage geht, und begründe deine Zustimmung bzw. Ablehnung kurz.*

Die ausgewählten Zitate eröffnen den Zugang zu verschiedenen Themen des Stückes. Sie können als Grundlage für die Planung der Unterrichtsreihe mit den Schülerinnen und Schülern dienen, indem sich Schwerpunkte für die weitere Beschäftigung mit dem Drama ergeben.

Als Alternative zu den Statements (s. Aufgabenvorschlag oben) können die Schülerinnen und Schüler auch ein stummes Schreibgespräch (**Arbeitsblatt 3**, S. 22) über ein ausgewähltes Zitat führen. Dazu wird das Zitat auf ein Plakat geklebt, die Äußerungen dazu können dann um den Text herum geschrieben werden.

> *Lies alle Zitate aufmerksam, entscheide dich für eines, mit dem du dich näher befassen möchtest. Anschließend bilden alle, die das gleiche Zitat gewählt haben, eine Kleingruppe. Führt ein stummes Schreibgespräch, in dem ihr eure Gedanken zu der Aussage „diskutiert".*

Im Anschluss an das Schreibgespräch berichten die einzelnen Gruppen kurz über ihre Diskussion, oder die entstandenen Schreibplakate werden im Klassenzimmer aufgehängt und von den anderen Schülerinnen und Schülern betrachtet. Aus diesen Diskussionen können die Erarbeitungsschwerpunkte für die kommende Unterrichtsarbeit abgeleitet werden.

Notizen

Die Struktur des Dramas

	Handlung	Ort(e)	Hauptfiguren
1. Akt			
Szene 1 (13–21)			
Szene 2 (21–35)			
Szene 3 (35–40)			
Szene 4 (40–50)			
2. Akt			
Szene 1 (50–60)			
Szene 2 (61–76)			
Szene 3 (76–79)			
Szene 4 (80–85)			
3. Akt			
Szene 1 (86–91)			
Szene 2 (91–112)			
Szene 3 (113–118)			
Szene 4 (119–131)			
Szene 5 (131–134)			

■ *Strukturiere den Inhalt des Dramas, indem du die Übersicht ergänzt.*

Die Struktur des Dramas (Lösungsvorschlag)

	Handlung	Ort(e)	Hauptfiguren
1. Akt			
Szene 1 (13–21)	Wirtschaftlicher Ruin der Stadt, Vorbereitungen für den Empfang C. Zachanassians	Bahnhof	Ill, Bürgermeister, Pfarrer, Lehrer
Szene 2 (21–35)	Ankunft Claires, Wiedersehen mit Ill	Bahnhof, Stadt	C. Zachanassian, Ill
Szene 3 (35–40)	Ill und Claire im Konradsweilerwald (I)	Konradsweilerwald	C. Zachanassian, Ill
Szene 4 (40–50)	Empfang Claires im Wirtshaus, „Angebot" (Mordaufruf) und die Reaktionen	Wirtshaus	C. Zachanassian, Ill, Bürgermeister
2. Akt			
Szene 1 (50–60)	Verschuldung der Bürger durch auffällig teure Einkäufe in Ills Laden	Laden	Ill, Bürger
Szene 2 (61–76)	Gefühl der Bedrohung, erfolglose Hilfesuche beim Polizist, Bürgermeister und Pfarrer	Polizeistation, Büro des Bürgermeisters, Sakristei	Ill, Polizist, Bürgermeister, Pfarrer
Szene 3 (76–79)	Trauerfeier für den Panther Gespräch Alfred Ills mit Claire Zachanassian	Hotel	C. Zachanassian, A. Ill
Szene 4 (80–85)	Missglückter Fluchtversuch Ills	Bahnhof	Ill
3. Akt			
Szene 1 (86–91)	C. Zachanassians gelungener Plan zur Ruinierung der Güllener Wirtschaft	Peter'sche Scheune	C. Zachanassian, Arzt, Lehrer
Szene 2 (91–112)	Simulation von Harmonie vor der Presse, Beinahe-Verrat durch den Lehrer, Gespräch des Bürgermeisters mit Ill (Umwertung der Werte), Fahrt mit der Familie zum Konradsweilerwald	Ills Laden	Lehrer, Ill, Bürgermeister
Szene 3 (113–118)	Claire und Ill im Konradsweilerwald	Konradsweilerwald	C. Zachanassian, A. Ill
Szene 4 (119–131)	Gemeindeversammlung, Entscheidung über Ills Tod, Mord an Ill, Bezahlung	Theatersaal	Bürgermeister, Lehrer, Gemeinde
Szene 5 (131–134)	Schlusschöre	Bahnhof	

Stummes Schreibgespräch

Was ist ein stummes Schreibgespräch?

Das Schreibgespräch ist eine Form des Gesprächs, das im Hauptteil schriftlich und schweigend geführt wird.

Welche Regeln gelten?

1. **Es wird nicht gesprochen.**

Während eines Schreibgesprächs darf nicht gesprochen werden. Alles, was mitgeteilt wird, geschieht schriftlich.

2. **Es schreibt immer nur eine Person.**

Für jede Gruppe ist Schreibzeug vorhanden. Es kann immer nur eine Person schreiben. Die anderen beobachten, was auf dem Blatt steht, und überlegen sich ihren Beitrag.

Variationsregel: Es können mehrere Personen schreiben. Es liegt für alle Beteiligten je ein Stift bereit (je eine andere Farbe). Der Stift wird nach dem Schreiben jeweils abgelegt.

3. **Es gibt viele Möglichkeiten, sich auszudrücken.**

Du hast viele Möglichkeiten, dich zu äußern. Du kannst einen Satz schreiben oder nur ein Wort. Du kannst unterstreichen, zeichnen, einkreisen, verbinden oder Satzzeichen (Fragezeichen, Ausrufezeichen) setzen. Du streichst nichts durch.

4. **Ein Schreibgespräch ist ein Gespräch.**

Wenn jemand eine Frage oder eine Bemerkung auf das Blatt schreibt, kannst du darauf reagieren: Du kannst eine Antwort schreiben, eine Gegenfrage stellen, unterstreichen oder Aussagen verbinden.

Aus: Hans Lieberherr, Peter Moll: Unterrichten mit offenen Karten. 2 Fortschreiten. 4. Aufl. 2006, S. 64, © Theologischer Verlag Zürich

Zitatencollage

„Sinn für Wohltätigkeit. Dies, meine Herren, muß ich unbedingt anbringen. Es ist die Hauptsache." (Bürgermeister, S. 19)

„Die Gerechtigkeit kann man doch nicht kaufen." (Bürgermeister, S. 45)

„Man kann alles kaufen." (Claire Zachanassian, S. 45)

„Die Menschlichkeit, meine Herren, ist für die Börse der Millionäre geschaffen, mit meiner Finanzkraft leistet man sich eine Weltordnung." (Claire, S. 91)

„Geld allein macht nicht glücklich." (Frau Ill, S. 97)

„Es geht nicht um Geld, es geht nicht um Wohlstand, nicht um Luxus, es geht darum, ob wir Gerechtigkeit verwirklichen wollen, und nicht nur sie, sondern auch all die Ideale, für die unsere Altvordern gelebt und gestritten hatten und für die sie gestorben sind, die den Wert unseres Abendlandes ausmachen." (Der Lehrer, S. 121)

„Heute Abend versammelt sich die Gemeinde. Man wird mich zum Tode verurteilen, und einer wird mich töten. Ich weiß nicht, wer es sein wird und wo es geschehen wird, ich weiß nur, daß ich ein sinnloses Leben beende." (Ill, S. 117)

„Ich fühle, wie ich langsam zum Mörder werde. Mein Glaube an die Humanität ist machtlos. Und weil ich es weiß, bin ich ein Säufer geworden. Ich fürchte mich, Ill, so wie Sie sich gefürchtet haben. Noch weiß ich, daß auch zu uns einmal eine alte Dame kommen wird, eines Tages, und daß dann mit uns geschehen wird, was nun mit Ihnen geschieht." (Der Lehrer, S. 103)

- *Lies alle Zitate aufmerksam, entscheide dich für eines, mit dem du dich näher befassen möchtest. Anschließend bilden alle, die das gleiche Zitat gewählt haben, eine Kleingruppe. Führt ein stummes Schreibgespräch, in dem ihr eure Gedanken zu der Aussage „diskutiert".*
- *Falls keines dieser Zitate dich zum Diskutieren anregt, kannst du selbst eines auswählen.*

Baustein 2

Exposition und dramatischer Konflikt – Der erste Akt

Das Personenverzeichnis des Dramas teilt die auftretenden Personen u. a. in die Gruppen „Die Besuchten" und „Die Besucher" ein. Die „besuchten" Personen sind zunächst Gegenstand dieses Bausteins. Die Schülerinnen und Schüler haben bereits in der Untersuchung der *dramatis personae* festgestellt, dass die besuchten Personen zum größten Teil keine Individualität besitzen und z. T. sogar katalogisiert wirken (z. B. Der Erste, Der Zweite, Der Dritte, Der Vierte Bürger). Außer Ill sticht nur Fräulein Luise aus dieser Aufzählung heraus, die aber im Verlauf des Dramas keine bemerkenswerte Rolle spielt. Ill steht also dem Kollektiv gegenüber. Dieser Tatsache wird in diesem Baustein Rechnung getragen, indem die Schülerinnen und Schüler zunächst die Darstellung des Ortes Güllen und seiner Bewohner durch kreative und textanalytische Methoden untersuchen. Der Protagonist Ill wird in seiner Rolle als Hoffnungsträger des Ortes gewürdigt, sein Ansehen wird durch die Milliardärin Claire Zachanassian zerstört, die einer Medea gleich in Güllen eintrifft und den Ort in unerwartete Krisen stürzt. Die Schülerinnen und Schüler erarbeiten ein erstes Verständnis dieser Hauptpersonen, im Wesentlichen anhand der ersten Szene, sodass auch den Anforderungen einer sukzessiv lesenden Lerngruppe Rechnung getragen wird. Sie untersuchen die grotesken Züge der alten Dame und erhalten einen ersten Einblick in die Dramentheorie Dürrenmatts, indem sie die Funktion von grotesken Elementen in seinem Werk kennenlernen. Eine tiefergehende Untersuchung der Person Claire Zachanassians ist in Baustein 3 beschrieben.

Im weiteren Verlauf sollen die Schülerinnen und Schüler die Ereignisse in der Vergangenheit Klara Wäschers und Alfred Ills verstehen und die Konsequenzen für die derzeitige Situation und die damit einhergehende Demontage des guten Leumunds Ills erkennen.

2.1 Die Stadt Güllen und ihre Bewohner als Spiegel von Verwahrlosung und Zerfall

Der Name der Stadt Güllen regt zunächst zum Schmunzeln an, werden doch Fantasien geweckt von Kloake und Abfall. Bei näherer Betrachtung wird sehr deutlich, dass der Name den Zerfall, die Verwahrlosung und auch die Falschheit der Bürger Güllens andeutet.
Im Unterrichtsgespräch können die Schülerinnen und Schüler deshalb zunächst beschreiben, wie sie sich eine Stadt mit dem Namen „Güllen" vorstellen:

 ■ *Beschreibt die Stadt, die der Name „Güllen" in eurer Fantasie entstehen lässt.*

Im folgenden Vergleich mit der im Drama beschriebenen Stadt kann sich die Untersuchung des Ortes der Handlung auf die erste Regieanweisung (S. 13) beziehen, in der das Bühnenbild beschrieben ist. Die Stadt ist im Hintergrund nur angedeutet, sie ist „ruiniert, zerfallen", im Vordergrund steht der Güllener Bahnhof, auch dieser „verwahrlost, verrostet". Selbst die im Bahnhof beschäftigten Personen sind „aufs unbeschreiblichste verwahrlost".

Baustein 2: Exposition und dramatischer Konflikt – Der erste Akt

Vergleichen die Schülerinnen und Schüler nun ihre eigenen Ideen mit dem beschriebenen Zustand, werden sie vermutlich zahlreiche Übereinstimmungen feststellen.

> *Lest die Regieanweisung auf S. 13. Beschreibt, wie ihr euch die Stadt nach der Lektüre vorstellt, und vergleicht diesen Eindruck mit euren vorher geäußerten Vermutungen.*

Im Anschluss daran bietet es sich an, die Klasse anhand der Regieanweisungen das Bühnenbild zeichnen zu lassen:

> *Versetzt euch in die Rolle eines Bühnenbildners und zeichnet auf ein mindestens DIN-A2 großes weißes Blatt die Bühne mit dem Bühnenbild. Haltet euch dabei an die Anweisungen Dürrenmatts.*

Die Schülerinnen und Schüler setzen sich dadurch nicht nur mit Güllen als dem Ort der Handlung auseinander, sondern ihnen wird auch bewusst, dass es sich bei dem „Besuch der alten Dame" um ein Drama handelt, sie sich also die Handlung jeweils auf der Bühne dargestellt vorstellen müssen. Dieses Bewusstsein ist eine wichtige Voraussetzung vor allem dann, wenn „Der Besuch der alten Dame" das erste Drama ist, das die Klasse liest.

Die Bilder werden der ganzen Lerngruppe vorgestellt und mit der Regieanweisung Dürrenmatts verglichen:

> *Betrachtet die Bilder genau und beurteilt ihre Übereinstimmung mit den Vorstellungen Dürrenmatts.*

Im Anschluss beurteilen die Schülerinnen und Schüler die Wirkung auf das Publikum:

> *Ihr seid nun in der Rolle des Publikums im Theater und lasst dieses Bühnenbild auf euch wirken. Was empfindet ihr? Was erwartet ihr von dem beginnenden Stück?*

Nachdem die Schülerinnen und Schüler einen ersten Eindruck des Ortes gewonnen haben, werden die bisherigen Ergebnisse unter Rückgriff auf den Text in einem Tafelbild festgehalten, das noch Platz für Ergänzungen bieten sollte.

Der Ort Güllen und seine Bewohner

Der Ort Güllen
- ruinierte, zerfallene kleine Stadt (vgl. S. 13, Z. 3–4)
- verwahrloster Bahnhof (vgl. S. 13, Z. 4)
- „erbärmliche Bahnhofstraße" (S. 13, Z. 8)
- „verrostetes Stellwerk" (S. 13, Z. 6)

→ **Atmosphäre des Untergangs und Zerfalls, passend zum Namen „Güllen"**

Seine Bewohner
- „aufs unbeschreiblichste verwahrlost" (S. 13, Z. 13)

Um die Informationen über die Stadt und vor allem die Bewohner zu ergänzen, lesen die Schülerinnen und Schüler bis Seite 20. Um der Gattung Drama gerecht zu werden, werden vor allem in den ersten Stunden möglichst häufig Textausschnitte im Unterricht mit verteilten Rollen gelesen.

Die Szene vor Ankunft der Milliardärin gibt Aufschluss über das Ausmaß des wirtschaftlichen Zerfalls der Stadt, es gibt kaum noch Arbeitsplätze für die Güllener Bürger. Da der Grund für diesen Bankrott in einem ansonsten florierenden Land (vgl. S. 16, Z. 30) ihnen ein Rätsel bleibt, scheuen sie nicht vor vorurteilbehafteten Schuldzuweisungen zurück:

Der Bürgermeister: Wir stehen selber vor einem wirtschaftlichen Rätsel.

Der Erste: Alles von Freimaurern abgekartet.

Der Zweite: Von den Juden gesponnen.

Der Dritte: Die Hochfinanz lauert dahinter.

Der Vierte: Der internationale Kommunismus zieht seine Fäden (S. 17, Z. 1–7).

Als einzige Rettung aus dieser elenden Lage erscheint den Güllener Bürgern das Geld der Milliardärin, das sie auf jeden Fall erhalten möchten, weswegen sie auch ohne Weiteres bereit sind, Tatsachen zu verfälschen und sich in das bestmögliche Licht zu rücken.
So bietet der Lehrer Informationen über die junge Klara Wäscher, die verdeutlichen, dass sie das ungebärdige Kind eines alkoholabhängigen Vaters und einer psychisch kranken Mutter war. Der Bürgermeister glorifiziert die wenigen, lächerlich anmutenden positiven Aspekte für seine Rede, um der Milliardärin zu Gefallen zu sein. Auch der geplante Aufmarsch des Chores, der „zwei Enkelkinder, ganz in Weiß" (S. 20, Z. 21), wirkt vor dem Hintergrund der Geldgier der Güllener verlogen.
Haben die Schülerinnen und Schüler das Drama schon ganz gelesen, wird ihnen auch klar, dass Ill die Geschichte seiner Liebe zu Klara für die Güllener Bürger umdeutet und letztlich falsch darstellt: „Das Leben trennte uns, nur das Leben, wie es eben kommt" (S. 18, Z. 23–24).

Es wird also deutlich, dass die Bürger Güllens in ihrem Elend Anstrengungen unternehmen, die von Falschheit geprägt sind und nur dem Umschmeicheln der reichen Besucherin dienen:

■ Lest zunächst den Text bis S. 20, Z. 23 und unterstreicht alle Informationen, die ihr über die Stadt Güllen und ihre Bewohner erhaltet. Beschreibt anschließend zusammenfassend euren Eindruck.

Das ergänzte Tafelbild kann nun so aussehen:

Der Ort Güllen	Seine Bewohner
• ruinierte, zerfallene kleine Stadt (vgl. S. 13, Z. 3–4)	• „aufs unbeschreiblichste verwahrlost" (S. 13, Z. 13)
• verwahrloster Bahnhof (vgl. S. 13, Z. 4)	• die meisten Bürger sind arbeitslos (vgl. S. 14–15)
• „erbärmliche Bahnhofstraße" (S. 13, Z. 8)	• sie hängen Vorurteilen nach und weisen die Schuld für den Zerfall anderen zu (vgl. S. 17, Z. 1–7)
• „verrostetes Stellwerk" (S. 13, Z. 6)	• entwerfen für den Empfang ein falsches Bild von sich und von der Milliardärin
• wirtschaftlich vollkommen ruinierte Stadt (vgl. S. 14)	• sehen in der Milliardärin ihre „einzige Hoffnung" (S. 18, Z. 4–5)
• kaum Verkehrsanbindungen durch die Bahn, Stadt ist abgeschnitten (vgl. S. 14)	
→ **Atmosphäre des Untergangs und Zerfalls, passend zum Namen „Güllen"**	→ **große Armut unter den Bürgern, erhoffte Rettung durch den Reichtum der Milliardärin**

Alfred Ill ist in der Gruppe der Besuchten die einzige Charakterfigur, nur er trägt einen individuellen Namen und erfährt im Laufe des Dramas eine Wandlung seines Charakters. Zu Beginn der Handlung stellt er sich als einen ehemaligen Liebhaber Claire Zachanassians dar, der sich trotz seiner Liebe wegen der äußeren Umstände von ihr getrennt hat. Möglicherweise glaubt er mittlerweile selbst an diese Darstellungsweise. Als nahen Freund der Milliardärin setzen die Güllener ihre ganze Hoffnung in Alfred Ill, weil dieser versuchen soll, Claire um Geld für Güllen zu bitten. Der Bürgermeister geht sogar so weit, Ill mitzuteilen, er werde als sein Nachfolger vorgeschlagen.

Ill tritt das erste Mal zusammen mit dem Bürgermeister, dem Lehrer und dem Pfarrer auf, befindet sich also im Kreis der wichtigsten Persönlichkeiten Güllens (vgl. S. 16). Die ersten Informationen über ihn erschließen die Schülerinnen und Schüler textanalytisch, indem sie den Textauszug S. 16 bis S. 19, Z. 22 lesen.

■ *Lest den Text (S. 16–S. 19, Z. 22) und notiert stichpunktartig und mit Zeilenangaben alle Informationen, die ihr über Alfred Ill findet.*

Die Ergebnisse werden als Tafelbild zusammengetragen:

Alfred Ill zu Beginn der Handlung

- „fast fünfundsechzig Jahre, schäbig gekleidet" (S. 16, Z. 2–3)
- hatte eine enge Beziehung zu Klara Wäscher, vermutlich eine Liebesbeziehung (vgl. S. 18, Z. 16–24)
- stellt Klara Wäscher als hübsche (vgl. S. 18), gerechtigkeitsliebende (vgl. S. 19) und „wohltätig[e]" (S. 19, Z. 12) Frau dar
- soll als Bürgermeister vorgeschlagen werden (vgl. S. 20, Z. 1–5)
- plant einen „psychologisch richtig[en]" Empfang für Klara (S. 20, Z. 11–14)

→ **Ill ist ein angesehener Bürger und als ehemaliger Freund Klaras die Hoffnung des Dorfes.**

Die Schülerinnen und Schüler, die das Drama bereits kennen, können beurteilen, dass Alfred Ill in dieser Szene die Tatsachen verfälscht. Es ist deshalb interessant, ihn selbst zu Wort kommen zu lassen, um seine innere Einschätzung der Situation diskutieren zu können. Eine Möglichkeit besteht darin, Ills Gedankengänge darzustellen, kurz bevor Claire Zachanassian tatsächlich eintrifft.

■ *Verfasse einen inneren Monolog Alfred Ills, während er am Bahnhof steht, die Vorbereitungen beobachtet und auf Claire Zachanassian wartet. Beginne so: Viele Jahre sind vergangen, seit ich Klara das letzte Mal gesehen habe ...*

Die Schülerinnen und Schüler haben durch diese Textform die Möglichkeit, Stellung zu beziehen zu der Frage, wie Ill die Situation innerlich tatsächlich einschätzt, ob er seine Beziehung zu Klara vor sich selbst verdrängt bzw. modifiziert hat, ob er aus Berechnung handelt und wie er tatsächlich die Chancen einschätzt, möglichst viel Geld zu bekommen. Auch seine Kandidatur bei der Bürgermeisterwahl ist eventuell Thema dieser Texte.

Die inneren Monologe werden besprochen und unter Rückbezug auf den Text in ihrer Plausibilität beurteilt. Im Anschluss diskutieren die Schülerinnen und Schüler ihre eigene Bewertung von Ills Verhalten.

- *Was denkt ihr über das Verhalten Alfred Ills am Bahnhof? Wie würdet ihr euch in dieser Situation verhalten?*

Es besteht darüber hinaus die Möglichkeit, die Schülerinnen und Schüler in einer direkten Stellungnahme Ratschläge an Ill formulieren zu lassen:

- *Wie sollte sich Ill deiner Meinung nach verhalten? Gib ihm Ratschläge, indem du ihn direkt ansprichst, z. B.: „Alfred Ill, du gehst ein großes Risiko ein ..."*

Sollten die Schülerinnen und Schüler das Drama zu dieser Zeit noch nicht ganz gelesen haben, können sie Ills Verhalten am Bahnhof noch nicht im Gesamtzusammenhang einschätzen. In diesem Fall bietet es sich an, nach der Informationsentnahme den Gang der Handlung antizipieren zu lassen. Zunächst stellt sich die Frage, wie die Beziehung zwischen Alfred Ill und Klara Wäscher auseinandergegangen ist, die nur das Leben trennte (vgl. S. 18, Z. 23).

- *Wie stellt ihr euch die Beziehung zwischen Alfred Ill und Klara Wäscher als junge Leute vor? Welche Umstände könnten zur Trennung geführt haben?*

Danach kann der Fortgang der Handlung antizipiert werden, die Schülerinnen und Schüler machen sich Gedanken darüber, wie die beiden miteinander umgehen werden, und überlegen, ob die Milliardärin dem Ort Güllen ihr Geld schenken wird.

Nachdem Ill in seiner Rolle als angesehener Bürger und Hoffnungsträger untersucht worden ist, erleben die Schülerinnen und Schüler durch das Angebot Claire Zachanassians, die ihre Geschichte mit Alfred Ill und damit seine Verfehlungen bekannt macht, die Demontage seines guten Leumunds. Um das Agieren der Milliardärin und damit das Auftreten des dramatischen Konflikts verstehen zu können, befassen sich die Schülerinnen und Schüler zunächst mit dem Erscheinen Claire Zachanassians.

2.2 Hoffnungsträgerin und groteske Erscheinung – Die Ankunft Claire Zachanassians in Güllen

Claire Zachanassian wird in einer Regieanweisung im ersten Akt des Dramas als aufgedonnerte, rothaarige 62-jährige Dame beschrieben, die unmöglich aufgemacht, mit Schmuck behängt und von Butler und Ehemann begleitet aus dem Zug steigt, den sie per Notbremse zum Stillstand gebracht hat: „Unmöglich, aber gerade darum wieder eine Dame von Welt, mit einer seltsamen Grazie, trotz allem Grotesken" (S. 22, Z. 1–3). Sie kehrt nach 45 Jahren in ihre Heimatstadt Güllen zurück, um Gerechtigkeit zu erlangen. Ihre einstige Jugendliebe Ill hatte sie damals mit dem gemeinsamen Kind alleingelassen, vor Gericht die Vaterschaft geleugnet und falsche Zeugen beigebracht, die aussagten, auch mit Claire geschlafen zu haben. Nun bietet sie den Güllener Bürgern eine Milliarde für Ills Tod.

Die Annäherung an die Hauptfigur Claire Zachanassian kann über Zeichenblock und Pinsel oder Stifte erfolgen. Die Schülerinnen und Schüler erhalten folgenden Arbeitsauftrag:

- *Male oder zeichne ein farbiges Bild der Figur Claire Zachanassian im Format DIN-A4 oder DIN-A3.*

Alternativ kann auch das Szenenfoto des Stuttgarter Staatstheaters (**Zusatzmaterial 1**, S. 116), das Claire Zachanassian schwarz gekleidet mit einem auffälligen Hut und einem

riesenhaften Kragen zeigt, als Einstieg dienen. Zur Besprechung des Szenenfotos können – mit Ausnahme von Punkt 2 – die unten aufgeführten Fragen dienen.
Die Bilder werden im Klassenraum ausgestellt. Nachdem die Schülerinnen und Schüler Zeit hatten, alle Bilder zu betrachten, werden diese im Unterrichtsgespräch ausgewertet. Mögliche Fragen können sein:

> ■ *Beschreibe die Figur auf dem Bild (Farbgebung, Gesichtsausdruck, Körperhaltung, äußere Erscheinung, ...).*
>
> ■ *Welche Unterschiede oder Gemeinsamkeiten zwischen euren Bildern fallen euch auf?*
>
> ■ *Entspricht die Darstellung Claires auch deiner Vorstellung von ihr?*
>
> ■ *Welche Eigenschaften Claire Zachanassians werden sichtbar?*

Zusätzlich zum Arbeitsauftrag können die Schülerinnen und Schüler ihrem Bild einen Titel geben (z. B. *Claire, die Rachegöttin; Auf der Suche nach Gerechtigkeit*); in diesem können sich Deutungsansätze widerspiegeln, die für das weitere Unterrichtsgeschehen nutzbar gemacht werden können.
Um die Bilder der Schülerinnen und Schüler mit dem Dramentext in Beziehung zu setzen, werden die Ergebnisse der Auswertung (zu erwarten: Claire ist eine grelle, aufgedonnerte Erscheinung) mithilfe der Ankunftsszene überprüft:

> ■ *Überprüft eure Vorstellungen von Claire Zachanassian, die ihr in den Bildern zum Ausdruck gebracht habt, indem ihr sie mit dem Text vergleicht. Welchen Eindruck erhält der Leser/Zuschauer von Claire Zachanassians äußerer Erscheinung? Lest die Regieanweisung (S. 21–22).*

Die Ergebnisse werden im Unterrichtsgespräch zusammengetragen (s. o.).

Einer der verwendeten Ausdrücke für die Beschreibung der alten Dame ist „grotesk" (vgl. S. 22, Z. 3). Dies haben die Schülerinnen und Schüler eventuell bereits erfragt, es soll nun näher untersucht werden.
Die grelle, aufgedonnerte und gleichzeitig schaurig-abnorme Erscheinung Claire Zachanassians, die sich in den Schülerbildern möglicherweise schon widergespiegelt hat, kann dazu dienen, den Begriff des „Grotesken" einzuführen und auf der Grundlage der Textarbeit und verschiedener Lexikoneinträge genauer zu verstehen. Zur Unterstützung kann **Arbeitsblatt 5**, Seite 34 hinzugezogen werden, das das Adjektiv „grotesk" mithilfe von verschiedenen Lexikoneinträgen erläutert, auf deren Grundlage die Schülerinnen und Schüler eine eigene vorläufige Definition des Begriffs verfassen.

> ■ *Entwickle aus den Begriffen, die mehrfach vorkommen, und solchen, die du für besonders aussagekräftig hältst, eine vorläufige Definition des Begriffs „grotesk". Berücksichtige auch die Ergebnisse der Textarbeit.*

Durch die Erarbeitung der vorläufigen Definition haben die Schülerinnen und Schüler ein erstes Verständnis des Begriffs „grotesk" erworben. Dieses Stilmittel spielt nicht nur im Drama „Der Besuch der alten Dame", sondern grundsätzlich im Werk Dürrenmatts eine bedeutende Rolle:
„Das Groteske ist eine der großen Möglichkeiten, genau zu sein. Es kann nicht geleugnet werden, daß diese Kunst die Grausamkeit der Objektivität besitzt, doch ist sie nicht die Kunst der Nihilisten, sondern weit eher der Moralisten, nicht die des Moders, sondern des Salzes.

Sie ist unbequem, aber nötig [...]. Das Groteske ist eine äußerste Stilisierung, ein plötzliches Bildhaftmachen und gerade darum fähig, Zeitfragen, mehr noch, die Gegenwart aufzunehmen, ohne Tendenz oder Reportage zu sein."[1]

Um den Schülerinnen und Schülern einen Zugang zum Stilmittel des Grotesken zu verschaffen, findet sich im **Arbeitsblatt 6**, Seite 35 eine Zusammenstellung aus verschiedenen Kommentaren und Rezensionen zum Besuch der alten Dame:

■ *Lies die Zitate genau und unterstreiche wichtige Teile. Finde dann zu jedem Zitat eine Zusammenfassung, die den Satz vervollständigt: Das Groteske ist fähig, ... darzustellen.*

Die Arbeitsergebnisse können in einem Tafelbild zusammengefasst werden:

Möglichkeiten des Grotesken im Werk Dürrenmatts:

- Verwandlung unserer Welt in etwas Fremdes, Unheimliches
- Bildhaftmachen von Gegenwartsfragen
- Genauigkeit
- Verlust der Harmonie
- Darstellung einer pervertierten Welt als das „Normale"

→ **Verunsicherung der Zuschauer, Distanz, Anregung zur eigenen Meinungsbildung**

Nach der Zusammenstellung dieser Ergebnisse wird abschließend die Frage besprochen, welches Ziel Dürrenmatt mit dem Einsatz der grotesken Elemente verfolgt. Mögliche Antworten können auf der Grundlage der Zitate sein, dass die Zuschauer glauben, die Welt, in der sie leben, genau zu kennen; durch das Erscheinen der sehr ungewöhnlichen Figur sollen sie aber in diesem Glauben verunsichert werden. So wird eine Distanz geschaffen, die den Zuschauer zu einer eigenen Meinung zwingt. Das Ergebnis kann in das Tafelbild eingefügt werden.

Nachdem die Schülerinnen und Schüler die grotesken Züge der alten Dame beschrieben haben, können sie ihr Auftreten und Verhalten in Güllen untersuchen und ihre Absichten verstehen und beurteilen. Einen ersten Eindruck ihres Wesens erhalten die Güllener in der Ankunftsszene, während das Begrüßungsprogramm durchgeführt werden soll und die Milliardärin derweil das Gespräch mit einzelnen Bürgern wie dem Polizisten, dem Pfarrer und dem Arzt sucht. Dabei deutet sie unmissverständlich ihre Absicht an, einen Mord geschehen zu lassen, indem sie dem Polizisten mitteilt, er solle nicht nur ein Auge zudrücken, sondern

---

[1] Zitat aus Dürrenmatts Essay „Theaterprobleme": Dürrenmatt, Friedrich: Theater: Essays, Gedichte, Reden. Zürich: Diogenes Verlag 1998, S. 24f.

lieber beide schließen (vgl. S. 28, Z. 26), dem Pfarrer andeutet, man werde die Todesstrafe eventuell wieder einführen (vgl. S. 29, Z. 25) und dem Arzt erklärt, jemand werde umkommen (vgl. S. 30, Z. 8). Außerdem führt ihr Gefolge einen Sarg mit, dem sich die Güllener Bürger auf dem Weg in die Stadt wie bei einem Trauerzug anschließen.

Diese Auffälligkeiten werden den Schülerinnen und Schülern beim Lesen der Ankunftsszene bewusst:

> ■ *Lies die ersten Gespräche mit den Güllener Bürgern (S. 28 – S. 31) und erläutere, welchen Eindruck diese auf dich machen.*

Ergebnisse werden vermutlich sein, dass sie sich wenig beeindruckt von der großartigen Begrüßung zeigt, sehr herrisch wirkt und die Andeutungen auf einen Todesfall erstaunlich sind. Diese werden nun noch einmal genauer zusammengefasst:

> ■ *Lies die Textstelle noch einmal und unterstreiche die Hinweise auf einen bevorstehenden Todesfall.*

Die Ergebnisse werden in einem Tafelbild zusammengefasst:

Andeutungen eines bevorstehenden Todesfalls

Claire Zachanassian behauptet:

- der Polizist solle beide Augen zudrücken (vgl. S. 28, Z. 26)
- man werde die Todesstrafe wieder einführen (vgl. S. 29, Z. 25)
- es werde jemand umkommen (vgl. S. 30, Z. 8)
- sie bringt einen Sarg mit (vgl. S. 31, Z. 12)

↓

Claire Zachanassian ist davon überzeugt, dass ein Todesfall eintreten wird.

Die Schülerinnen und Schüler, die das Drama noch nicht ganz gelesen haben, antizipieren an dieser Stelle noch einmal den Fortgang der Geschichte:

> ■ *Claire Zachanassian ist offensichtlich der Überzeugung, dass ein Todesfall eintreten wird.*
> *Überlege dir einen möglichen Fortgang der Ereignisse.*

Die Tatsache, dass der zum Schluss des Dramas eintretende Todesfall hier bereits angedeutet wird, kann zu der Frage überleiten, welche Funktion die erste Szene für das gesamte Drama hat.

Zu diesem Zweck fassen die Schülerinnen und Schüler die bis jetzt gewonnenen Erkenntnisse zusammen und hinterfragen ihre Funktion; in diesem Zusammenhang kann der Begriff „Exposition" eingeführt werden.

> ■ *Fasst noch einmal stichpunktartig die wichtigsten Informationen zusammen, die ihr bis jetzt in der Ankunftsszene gewonnen habt, und erklärt ihre Funktion.*

> **Wichtige Informationen aus der Ankunftsszene**
>
> - Güllen ist ein verarmter und verwahrloster Ort.
> - Die Güllener sind arm, verlumpt und verzweifelt, sie setzen ihre größte Hoffnung in die Milliardärin, die ihnen Geld schenken soll.
> - Alfred Ill ist eine der beiden Hauptfiguren, er ist ein angesehener Bürger und soll Claire Zachanassian das Geld entlocken.
> - Claire Zachanassian ist die zweite Hauptfigur, sie erscheint grotesk und erwartet in Güllen einen Todesfall.
>
> → die Ausgangssituation und die wichtigsten Personen werden vorgestellt
>
> **Die Ankunftsszene hat den Charakter einer Exposition**

2.3 Eine Milliarde für Ills Leben – Die Entstehung des dramatischen Konflikts

Nachdem die Schülerinnen und Schüler nun Alfred Ill und Claire Zachanassian kennengelernt haben und auch bereits wissen, dass sie einmal ein Liebespaar waren, erfahren sie nun die Einzelheiten dieser Beziehung und erleben ihre Auswirkungen auf die aktuelle Situation.

Während des Empfangs für Claire Zachanassian im Wirtshaus macht diese ihre Absicht deutlich, sich an Alfred Ill dafür zu rächen, dass er sie vor vielen Jahren verraten hat, als sie von ihm schwanger war. In ihrer Rede (S. 44–50) verspricht sie den Güllenern zunächst eine Milliarde und erklärt direkt im Anschluss daran, dass sie dieses Geld nur bekommen, wenn sie Alfred Ill umbringen, um ihn für sein Verhalten ihr gegenüber zu bestrafen.

Zunächst sollten die Schülerinnen und Schüler die Frage klären, welche Vorgänge genau zu Frau Zachanassians Haltung führten, nämlich der Verrat Alfred Ills an seiner schwangeren Geliebten, indem er sie verleugnen und verleumden ließ und sogar falsche Zeugen kaufte, die bestätigten, dass Klara Wäscher ein gewissenloses Mädchen gewesen sei, das sich mit zahlreichen Männern eingelassen habe.
Da es im Rahmen der geplanten Rettung des Ortes Güllen durchaus plausibel ist, dass Vertreter der örtlichen Presse beim Empfang der Milliardärin anwesend sind, können die Schülerinnen und Schüler einen Zeitungsartikel verfassen, der am Tag nach dem Empfang in der Güllener Zeitung erscheint.
Dazu lesen sie zunächst den Text (S. 44–50) und unterstreichen alle relevanten Informationen, die sie zur Sicherung im **Arbeitsblatt 7**, Seite 36 festhalten können. Im Anschluss verfassen sie ihren Text, evtl. nachdem die Kriterien für einen Zeitungsbericht wiederholt worden sind.

> *Versetze dich in die Situation eines Zeitungsreporters, der die Rede der Milliardärin gehört hat und nun darüber berichten möchte. Lies dazu die Seiten 44 bis 50 noch einmal und unterstreiche zunächst alle wichtigen Informationen und trage diese in der richtigen Reihenfolge in dein Arbeitsblatt ein. Schreibe danach den Artikel. Denke dabei auch an eine schlagkräftige Überschrift.*

In diesem Artikel stellen die Schülerinnen und Schüler nun dar, wie Alfred Ill die junge Klara Wäscher geschwängert und verlassen hat, um dann sogar Zeugen für eine Falschaussage zu bezahlen, die dazu führte, dass Klara Wäscher sich prostituieren musste und ihr Kind verlor.
Diese Ereignisse bringen Claire Zachanassian dazu, den Güllenern ihr ungeheures Angebot zu machen.
Die Güllener lehnen das Angebot Claires „im Namen der Menschlichkeit" (S. 50, Z. 3–4) ab. Die einzelnen Bürger kommen allerdings nicht zu Wort, dies könnten die Schüler und Schülerinnen nachholen und so noch einmal die Reaktion der Bürger in den Blick nehmen. Möglich ist z. B. eine Diskussion der anwesenden Bürger, die sich über das Angebot und ihre eigene Reaktion darauf unterhalten.

> ■ *Nimm die Rolle eines Gülleners ein und überlege dir, wie das Angebot auf dich gewirkt hat. Diskutiere dann mit deinen Mitschülerinnen und Mitschülern darüber.*

Alternativ dazu können die Schülerinnen und Schüler den Vorgang aus einer größeren Distanz beurteilen, indem sie einen Leserbrief schreiben, der sich auf den erschienenen Artikel bezieht. Dadurch versetzen sie sich nicht in die Lage der Güllener Bürger, sondern beziehen persönlich Stellung zu den Vorgängen und bewerten das Verhalten der Milliardärin.

> ■ *Stell dir vor, du hast den Artikel in der Güllener Presse gelesen und möchtest dich nun in einem Leserbrief dazu äußern. Verfasse diesen Brief und stelle deine Meinung sachlich und begründet dar.*

Nachdem die Schülerinnen und Schüler die Entstehung des dramatischen Konflikts nun erkannt haben, wird dieser Begriff eingeführt. Parallel zur Frage nach der Funktion der Ankunftsszene beschreiben sie auch die Funktion der Szene im Wirtshaus:

> ■ *Beschreibt die Funktion der Szene im Wirtshaus, in der Claire Zachanassian empfangen wird und den Güllenern ihr Angebot macht.*

Sie werden in eigenen Worten beschreiben, dass hier das eigentliche „Problem" des Dramas deutlich wird, und können den Begriff des dramatischen Konflikts möglicherweise selbst herleiten.
Ein Tafelbild kann dies als Basis für die Weiterarbeit verdeutlichen:

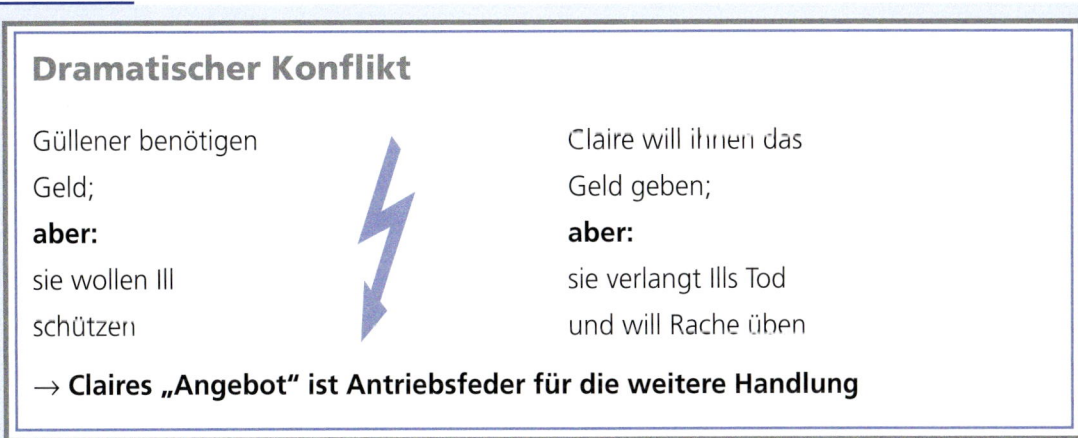

Im Anschluss daran bietet es sich an, die Person der Claire Zachanassian ausführlicher zu betrachten.

Die Begriffe „Groteske" und „grotesk"

Mithilfe von zwei Lexikonauszügen sollt ihr euch einen zunächst unbekannten Begriff erschließen, der häufig in der Literatur über den Schriftsteller Friedrich Dürrenmatt Verwendung gefunden hat: **das Adjektiv grotesk**.

Im Standardwerk „Duden. Die Deutsche Rechtschreibung" (2000) finden sich folgende Einträge:

- grotesk: (franz.) wunderlich, überspannt, verzerrt
- Groteske, die: fantastisch geformte Tier- und Pflanzenverzierung der Antike und der Renaissance; fantastische Erzählung

Im Standardwerk „Knaurs Lexikon der sinnverwandten Wörter" (1982) finden sich folgende Einträge:

- grotesk: absurd, unsinnig, abstrus, lachhaft, lächerlich, komisch, ridikül, skurril, makaber
- Unter „absurd" findet sich u. a.:   unlogisch, abwegig, irrwitzig
- Unter „abstrus" findet sich u. a.:   verworren, unverständlich, abwegig
- Unter „ridikül" findet sich: lächerlich
- Unter „skurril" findet sich: merkwürdig, komisch
- Unter „makaber" findet sich: unheimlich, grotesk

> *Entwickle aus den Begriffen, die mehrfach auftauchen, und denjenigen, die dir besonders aussagekräftig erscheinen, eine Arbeitsdefinition des Begriffs **grotesk**, die sich sowohl auf Ereignisse (Geschehen) als auch auf Verhaltensweisen bezieht.*

Unter „grotesk" versteht man ein ... _____

_____

_____

_____

_____

_____

_____

_____ ... Geschehen oder Verhalten.

---

[1] Aus: Kottkamp, Martin und Staude, Astrid: Friedrich Dürrenmatt: Der Richter und sein Henker. Unterrichtsmodell. Hg. v. Johannes Diekhans. Paderborn: Schöningh 2004, S. 70 (Reihe EinFach Deutsch).

Das Groteske im Werk Dürrenmatts

- „Das Groteske ist eine Struktur. Wir könnten ihr Wesen mit einer Wendung bezeichnen, die sich uns oft genug aufgedrängt hat: das Groteske ist die entfremdete Welt. Aber das verlangt noch einige Erläuterungen. Man könnte die Welt des Märchens, wenn man von außen auf sie schaut, als fremd und fremdartig bezeichnen. Aber sie ist keine entfremdete Welt. Dazu gehört, dass das, was uns vertraut und heimisch war, sich plötzlich als fremd und unheimlich enthüllt. Es ist unsere Welt, die sich verwandelt hat." (Wolfgang Kayser)

- „Das Groteske ist eine äußerste Stilisierung, ein plötzliches Bildhaftmachen und gerade darum fähig, Zeitfragen, mehr noch, die Gegenwart aufzunehmen, ohne Tendenz oder Reportage zu sein." (Friedrich Dürrenmatt)

- „Das Groteske ist eine der großen Möglichkeiten, genau zu sein." (Friedrich Dürrenmatt)

- „Das Groteske ist das Unstimmige, Ungereimte, Unharmonische; zum Grotesken gehört das Paradoxe. Das Groteske ist das Gegenteil des wohlgeordneten Kosmos, das Groteske ist die Dissonanz, die den Verlust der Harmonie ausdrückt." (Werner Oberle)

- „Alles Groteske der letztbeschriebenen Art verfolgt in seiner bloßstellenden Stilisierung der dramatischen Protagonisten ins übermäßig Lächerliche – damit häufig genug die Ernsthaftigkeit des dargestellten Schrecklichen aufs Spiel setzend – eine satirische Intention und geht doch, indem es den skrupellosen politischen Verbrecher denunziert, über bloße Satire hinaus. [...] So stellt groteske Form die Wirklichkeit nicht mehr als mangelhaft, sondern als restlos pervertiert vor, und so doch diese Perversion als das Normale, als die innere Zweckmäßigkeit der schlechthin grotesk stilisierten Realität." (Arnold Heidsieck)

Zitiert nach: Karl Schmidt: Friedrich Dürrenmatt: Der Besuch der alten Dame. Erläuterungen und Dokumente. Durchgesehene Aufl. Stuttgart: Reclam 1999, S. 60ff.

> Lies die Zitate genau und unterstreiche wichtige Teile. Finde dann zu jedem Zitat eine Zusammenfassung, die den Satz weiterführt: Das Groteske ist fähig, ... darzustellen.

K. Wäscher und A. Ill vor 45 Jahren – Stationen ihrer Beziehung

■ *Finde heraus, welche Ereignisse vor 45 Jahren Claire Zachanassian und Alfred Ill miteinander verbinden, indem du relevante Textstellen unterstreichst (S. 46–50) und anschließend in der chronologischen Reihenfolge aufschreibst. Dazu kannst du ein Flussdiagramm benutzen, dessen Anfang hier vorgegeben ist. Ein Flussdiagramm dient dazu, Abläufe darzustellen und Informationen zu strukturieren.*

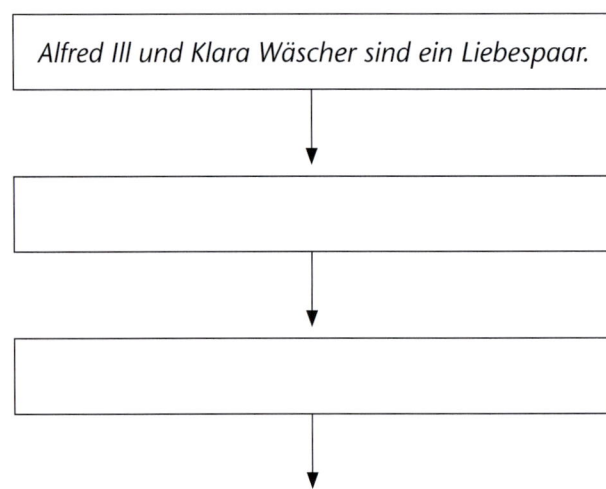

Flussdiagramm: Stationen der Beziehung

Alfred Ill und Klara Wäscher sind ein Liebespaar.

■ *Verfasse nun mithilfe der im Flussdiagramm geordneten Stichpunkte einen Artikel für die Güllener Tageszeitung, der die Hintergründe von Claire Zachanassians Mordaufruf beleuchtet.*

K. Wäscher und A. Ill vor 45 Jahren – Stationen ihrer Beziehung (Lösungsvorschlag)

Flussdiagramm

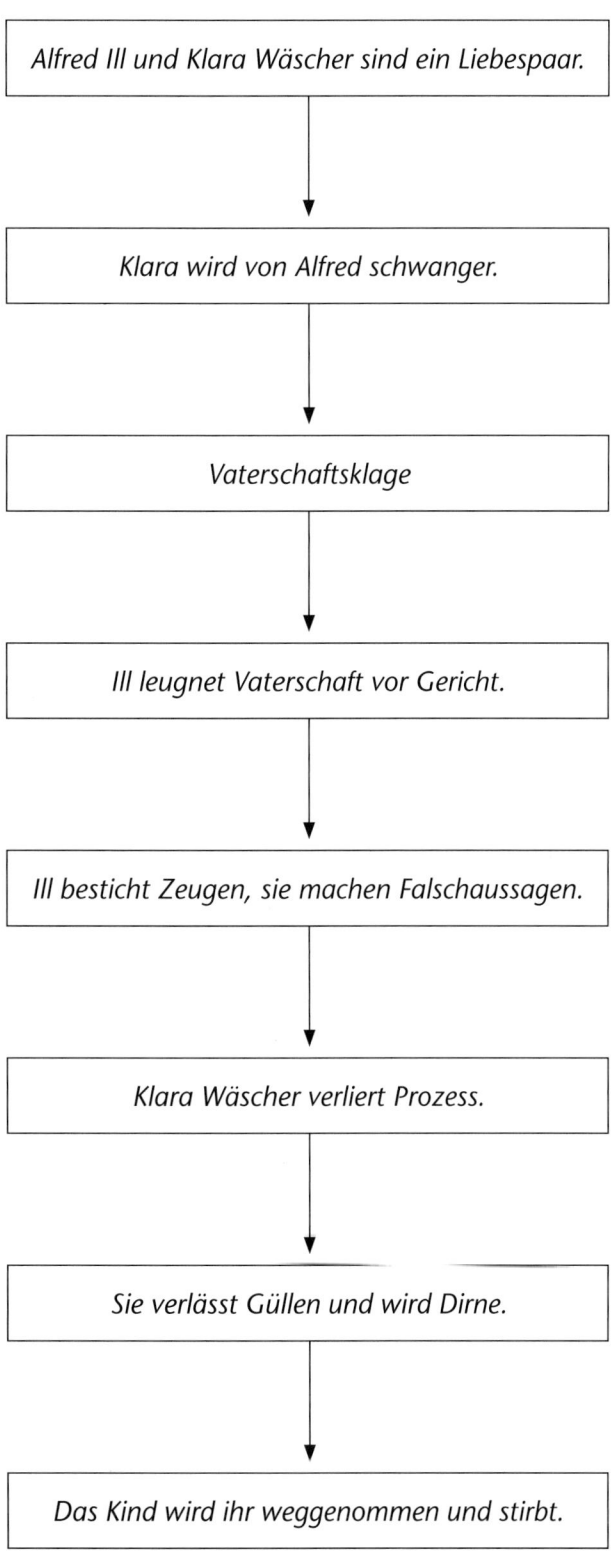

Baustein 3
Die Besucher – Die Milliardärin und ihr Gefolge

Die Figuren, die Dürrenmatt im Personenverzeichnis unter „Die Besucher" fasst, sind Gegenstand dieses Bausteins. Im Zentrum steht die Hauptfigur Claire Zachanassian, geb. Wäscher, Multimillionärin. An ihrem Beispiel haben die Schülerinnen und Schüler bereits den Begriff des Grotesken kennengelernt (vgl. 2.3), der im Werk Dürrenmatts eine bedeutende Rolle spielt. Als Nächstes werden Bezüge der Protagonistin zur antiken Mythologie näher beleuchtet, indem Claire Zachanassian als planvoll handelnde Frau gekennzeichnet wird, die „Lebensfäden spinnt" (S. 34, Z. 9–10) wie die antiken Schicksalsgöttinnen und die sich grausam und rachsüchtig wie Medea verhält (3.1). Verfahren zur Analyse von Dramenszenen werden hier eingeführt und in Baustein 5 vertieft. Abschließend (vgl. 3.2) wird Claire Zachanassian in ihrer Beziehung zu Alfred Ill (vgl. Baustein 2) untersucht. Im Mittelpunkt stehen die beiden Szenen im Konradsweilerwald. Textanalytische und szenische Zugänge ergänzen sich hier. In einem weiteren Kapitel (3.3) geht es um das Gefolge der alten Dame: ihre Gatten VII–XI, den Butler und Toby, Roby, Koby und Loby. Ihre Sprache und ihre Beziehung zur Multimillionärin werden untersucht.

3.1 Mythologische Deutungsmöglichkeiten – C. Zachanassian als Klotho und Medea

Claire Zachanassian ist mehr als eine rachsüchtige alte Frau, sie wird „zu einem Bestandteil der griechischen Tragödie umgedeutet und ironisch hochstilisiert"[1], indem sie im Schlusschor euphemistisch als „freundlich Geschick" (S. 133, Z. 1), dem sich die Gülleпer überlassen, beschrieben wird. Durch ihren Reichtum, so beschreibt es Dürrenmatt in den Anmerkungen zum Stück, kann sie es sich leisten, „wie eine Heldin der griechischen Tragödie zu handeln, absolut, grausam, wie Medea etwa" (S. 142). Eine Verbindung zur griechischen Tragödie stellt der Autor auch an anderen Stellen im Stück her, so kommt dem Lehrer Claire Zachanassian wie eine „Parze, eine Schicksalsgöttin" vor, die „Klotho" und nicht Claire heißen sollte (vgl. S. 34, Z. 7–9).

In diesem Kapitel steht Claire Zachanassian als planvoll handelnde Figur im Zentrum, die in ihrem Streben nach „Gerechtigkeit" ihre Heimatstadt in den Ruin treibt, indem sie systematisch die dort angesiedelte Industrie aufkauft und eingehen lässt. Die Umstände, die 45 Jahre vor der Dramengegenwart spielen, wie die Jugendliebe zwischen Ill und Claire Zachanassian, ihre Schwangerschaft, die Gerichtsverhandlung, ihr Leben als Prostituierte und der Verlust des Kindes, sind im Baustein 2 bereits näher beleuchtet worden. Sie stellen die entscheidende Motivation für ihren Plan dar.
Ihr planvolles Vorgehen eröffnet Claire Zachanassian den überraschten Güllener Bürgern in einer Szene zu Beginn des dritten Akts (S. 88–91). Ahnungslos bitten der Lehrer und der

---
[1] Große, Wilhelm: Friedrich Dürrenmatt. Literaturwissen für Schule und Studium. Stuttgart: Reclam 1998, S. 70

Arzt die Multimillionärin darum, die einst blühende Industrie, die Platz-an-der-Sonne-Hütte, die Wagnerwerke und Bockmann, aufzukaufen und zu sanieren. Anlass des Gesprächs sind die Schulden der Güllener Bürger und der Versuch, die Ermordung Ills zu vermeiden. Sie eröffnet ihren Gesprächspartnern, dass sie in den vergangenen Jahren die gesamte Stadt mitsamt der Industrie aufgekauft und ruiniert hat. Damit ist klar, dass die Güllener nun ihrem Plan ausgeliefert sind: „Eure Hoffnung war ein Wahn, euer Ausharren sinnlos, eure Aufopferung Dummheit, euer ganzes Leben nutzlos vertan" (S. 90, Z. 4–6).

Als Einstieg kann ein Zitat dienen, das den Aspekt des Schicksals verdeutlicht und den Schülerinnen und Schülern auf einer Folie zugänglich gemacht wird. Im Goldenen Apostel tauschen sich Lehrer und Bürgermeister über die Ankunft der Multimillionärin in ihrer Heimatstadt aus:

> „Seit mehr denn zwei Jahrzehnten korrigiere ich die Latein- und Griechischübungen der Güllener Schüler, doch was Gruseln heißt, Bürgermeister, weiß ich erst seit einer Stunde. Schauerlich, wie sie aus dem Zug stieg, die alte Dame mit ihren schwarzen Gewändern. Kommt mir vor wie eine Parze, wie eine griechische Schicksalsgöttin. Sollte Klotho heißen, nicht Claire, der traut man es noch zu, dass sie Lebensfäden spinnt." (S. 34, Z. 2–9)

■ *Lies das Zitat noch einmal. Erkläre, was der Lehrer meint. Stimmst du ihm zu? Begründe deine Meinung, dabei kannst du dich auch auf bestimmte Textstellen beziehen.*

Die Schülerinnen und Schüler äußern im Weiteren ihre ersten Eindrücke. Zum besseren Verständnis des Zitats erarbeiten sie den Lexikonartikel über die Schicksalsgöttinnen in der griechischen Mythologie (**Arbeitsblatt 9**, S. 49). Um den Sachtext zu erschließen, wenden Schülerinnen und Schüler ihnen bereits bekannte Methoden an (z. B. Schlüsselwörter markieren, Abschnitte bilden und zusammenfassen) bzw. beschäftigen sich mit folgenden, auf dem Arbeitsblatt vorgegebenen Arbeitsanregungen.

■ *Lies den Sachtext über die Schicksalsgöttinnen aufmerksam.*

■ *Formuliere ca. fünf bis zehn Fragen, auf die der Text eine Antwort gibt.*

■ *Tausche die Fragen mit deinem Nachbarn oder deiner Nachbarin aus. Überprüft euer Textverständnis, indem ihr die Fragen wechselseitig beantwortet.*

Ist der Sachtext erschlossen, können die Schülerinnen und Schüler ihre Textkenntnis in einem Schaubild zusammenfassen. Sie können selbst die Form der Visualisierung auswählen (z. B.: Mindmap, Schaubild, Cluster …).

■ *Fasst in einem Schaubild zusammen, was ihr über die Schicksalsgöttinnen erfahren habt.*

Anhand ihrer Zusammenfassung erläutern die Schülerinnen und Schüler, wer die Parzen sind und welche Rolle Klotho in der griechischen Mythologie spielt: Moiren, bei den Römern Parzen genannt, sind griechische Schicksalsgöttinnen. Klotho, die Tochter des Zeus, ist eine von drei Schicksalsgöttinnen, zu denen noch Lachesis und Atropos gehören. Die drei Göttinnen symbolisieren das Walten des Schicksals: Klotho ist die Spinnerin des Lebensfadens, Lachesis teilt das Schicksal zu, und Atropos zerschneidet den Lebensfaden. Das Zitat des

Lehrers weist schon zu Beginn des Dramas Claire Zachanassian die Rolle einer Schicksalsgöttin zu, die das Geschick der Menschen maßgeblich beeinflussen kann, indem sie „Lebensfäden spinnt". In ihrer Auseinandersetzung mit dem Zitat können die Schülerinnen und Schüler zum Beispiel darauf eingehen, inwiefern sich die „Ahnung" des Lehrers bewahrheitet, gut möglich, dass sie bereits auf die nun zu untersuchende Textstelle Bezug nehmen.

Thematisch schließt sich die zu untersuchende Textpassage, das Gespräch zwischen Claire Zachanassian, dem Lehrer und dem Arzt hier an, da sie sich darin als Schicksalsgöttin offenbart. Die Schülerinnen und Schüler lesen die Szene und betten sie mithilfe der Übersicht (vgl. Baustein 1.2) in den Kontext des Dramas ein. Die genauere Textarbeit schließt sich an:

Lies die Szene S. 88–91, in der die Güllener von C. Zachanassians Plan erfahren. Beschreibe, welche Eigenschaften und Verhaltensweisen Claire Zachanassians hier deutlich werden. Inwiefern verhält sie sich wie eine Schicksalsgöttin?

Lehrer und Arzt im Gespräch mit Claire Zachanassian

- planvolles Handeln: Ruin der Güllener Wirtschaft (vgl. S. 89, Z. 26ff.)
- Rachsucht (vgl. S. 90, Z. 9ff., S. 91, Z. 3ff.)
- Streben nach „Gerechtigkeit" (vgl. S. 90, Z. 21ff.)
- ohne Mitleid (vgl. S. 91, Z. 3ff.)
- Zurückweisung der Güllener Bürger und ihres Anliegens (S. 91, Z. 3ff.)

→ **Claire spielt Schicksal [und verhält sich wie eine „Medea"]**

In einem ersten Untersuchungsschritt ist Claire Zachanassian als eine „Schicksalsgöttin" gekennzeichnet worden. Das Gespräch zeigt die Hauptfigur aber auch als Frau, deren Motiv die Rachsucht ist. In diesem Zusammenhang bezeichnet der Lehrer sie in seinem abschließenden Appell als „Medea" (Lehrer, S. 90–91). Auch diesem Bezug zur antiken Mythologie sollen die Schülerinnen und Schüler nachgehen, indem sie sich in einem Lexikon oder Fachbüchern über den Medea-Mythos informieren und ihn kurz vorstellen. Dies kann in Form eines Referats geschehen (vgl. Arbeitsblatt 31, S. 107). Alternativ kann sich die Lerngruppe anhand des Sachtextes (**Arbeitsblatt 10**, S. 50) über den Medea-Mythos informieren:

Lies den Auszug aus einem Lexikonartikel über Medea aufmerksam und stelle die wichtigsten Informationen über Medea in einem Flussdiagramm zusammen.

Der Auszug aus dem Lexikonartikel stellt einen Teil des Medea-Mythos dar, angefangen bei den Argonauten, die in Medeas Heimat Kolchis kommen, um das Goldene Vlies zu erbeuten. Jason, ihr Anführer, und Medea verlieben sich. Sie hilft ihm, das Vlies zu beschaffen, und erleichtert seine Flucht durch den Mord an ihrem Bruder. Jason und seine Gefährten fahren nach der Hochzeitsfeier auf Kerkyra nach Jolkos, wo Jason mit dem Goldenen Vlies die Herrschaft gegenüber seinem Onkel Pelias durchsetzen will. Als dies nicht gelingt, rächt Medea Jason, indem sie Pelias' Töchter mit falschen Versprechungen dazu bringt, diesen zu zerstückeln. Nach der Vertreibung aus Jolkos leben die beiden glücklich in Korinth, wo Medea zwei

Kinder zur Welt bringt. Doch verstößt Jason sie, um die Königstochter Glauke zu heiraten und die Herrschaft in Korinth zu übernehmen. Medea übt Rache, indem sie Glauke ein vergiftetes Gewand sendet, das sie tötet, und sogar ihre eigenen Kinder umbringt. Der Mythos zeigt Medea als eine mit Zauberkräften begabte und von Rachsucht geprägte Kindsmörderin. Diese Darstellung der Medea geht hauptsächlich auf Euripides' Tragödie „Medeia" zurück. Schließlich werden die Informationen über Medea auf die Hauptfigur C. Zachanassian und die bearbeitete Szene übertragen und das Tafelbild wird um den Aspekt „Medea" ergänzt. Nun kennen die Schülerinnen und Schüler die mythologischen Bezüge der Hauptfigur. Es stellt sich abschließend die Frage nach der Bedeutung und Funktion dieser Verweise auf die antike Mythologie.

> ■ *Welche Funktion haben die Bezüge der Protagonistin Claire Zachanassians zur antiken Mythologie?*

Mögliche Schülerantworten sind:

- Claire wirkt durch die Verweise auf die griechische Mythologie übermenschlich, wie eine Göttin, die außerhalb von Recht und Gesetz steht.
- Der Vergleich mit Medea, der rachsüchtigen Frau schlechthin, verstärkt das Motiv der Rache.
- Die Figur mit ihren Prothesen und dem aufgedonnerten Äußeren wirkt durch die Bezüge zu den Schicksalsgöttinnen und Medea grotesk verzerrt und übertrieben oder widersprüchlich.

Die Szene zu Beginn des dritten Akts eignet sich auch für eine Dialoganalyse (siehe auch Baustein 4), da das Gespräch nicht zu umfangreich ist, für die Güllener Bürger eine überraschende Wendung beinhaltet und die Motive der Gesprächspartner gut erkennbar sind. Die Gesprächsanalyse kann sich im Sinne einer Zusammenfassung an die Erarbeitung oben anschließen oder als eigenständige Aufgabe gestellt werden. Dazu kann **Arbeitsblatt 11**, S. 51 eingesetzt werden.

> ■ *Lies das Gespräch zwischen Claire Zachanassian, dem Lehrer und dem Arzt. Verfasse eine zusammenhängende Gesprächsanalyse. Achte dabei auf die Merkmale einer gelungenen Gesprächsanalyse.*

Anstelle einer umfassenden Aufgabenstellung können weniger geübte Schülerinnen und Schüler auch einen gegliederten Arbeitsauftrag erhalten (siehe **Arbeitsblatt 12**, S. 52). In Baustein 4 wird das Verfahren der Dialoganalyse wieder aufgegriffen.

> ■ *Beschreibe, wo, wann und aus welchem Anlass das Gespräch zwischen Claire Zachanassian, dem Lehrer und dem Arzt stattfindet.*
>
> ■ *Worüber sprechen sie?*
>
> ■ *Wie ist das Gespräch aufgebaut? Fallen dir Störungen, Unterbrechungen, Höhe- oder Wendepunkte auf?*

> ■ *Beschreibe die Beziehung zwischen Claire Zachanassian und ihren beiden Gesprächspartnern. Welche Absicht verfolgen die beiden Güllener? Wie gehen sie vor, um ihr Ziel zu erreichen?*
>
> ■ *Untersuche die sprachlichen Besonderheiten und ihre Wirkung.*

Um die Auswertung der Ergebnisse zu erleichtern, kann das Arbeitsblatt als Folie eingesetzt werden.

An die Auswertung der Gesprächsanalyse (vgl. Lösungsblatt, S. 53) kann sich ein produktionsorientierter Arbeitsauftrag anschließen, der sich auf die mögliche Wirkung des Gesprächs bei Lehrer und Arzt und ihre Reaktion bezieht.

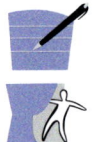

> *Wie reagieren der Lehrer und der Arzt auf Claire Zachanassians „Enthüllungen"? Überlegt euch, was sie miteinander besprechen könnten. Notiert zunächst Ideen und verfasst dann einen Dialog zwischen den beiden Männern. Sprecht und spielt den Dialog.*

Ein solches fiktives Gespräch kann die Frage des Arztes „Mein Gott, was sollen wir tun?" und die Antwort des Lehrers „Was uns unser Gewissen vorschreibt, Doktor Nüßlin." (S. 91, Z. 12–14) aufgreifen. Die aus Sicht der verschuldeten Güllener ausweglose Lage sollte in dem Dialog deutlich werden. Die Frage nach der Tötung Ills durch die Güllener Bürger stellt sich. Wie werden sich die Bürger entscheiden? Welche Rolle spielt das vom Lehrer angesprochene Gewissen bei dieser Entscheidung? Welche Positionen vertreten Arzt und Lehrer zu der Frage, ob Ill getötet werden soll oder nicht? Wie stehen die Gesprächspartner zu Claire Zachanassians planvollem Handeln, das ihre Stadt in den Ruin geführt hat? Welche Gefühle löst Claires Verhalten in ihnen aus?

3.2 Die Szenen im Konradsweilerwald – Die Beziehung zwischen A. Ill und C. Zachanassian

Als Nächstes soll Claire Zachanassian in ihrer Beziehung zu Alfred Ill in den Mittelpunkt gerückt werden. Die Hoffnungen der Güllener liegen zum großen Teil in Ills vergangener Beziehung zu Claire begründet, ebenso wie der Auslöser des dramatischen Konflikts, Claire Zachanassians „Angebot". Um diese Beziehung herauszuarbeiten, bieten sich vor allem zwei Szenen an, die im Konradsweilerwald spielen. Der Begriff des Grotesken (vgl. Baustein 2.2) spielt auch hier ein entscheidende Rolle.

Die erste Szene im Konradsweilerwald (S. 35–40) folgt im ersten Akt auf Claires Ankunft und ihren Empfang in Güllen. Im Anschluss an die Szene hält der Bürgermeister im Goldenen Apostel seine Rede, Claire nutzt die Versammlung der Bürger, um ihnen ihr „Angebot" zu machen: Eine Milliarde für Ills Tod. In der Waldszene besuchen Ill und Zachanassian die Orte ihrer Liebe und sprechen über die Vergangenheit: Ill verzerrt im Rückblick seine Entscheidung, Mathilde Blumhardt zu heiraten, als Dienst an Claires Glück, beteuert, Claire noch zu lieben, und stellt sein Leben als ruiniert dar. Claire erinnert sich an die vergangene Liebe zu Ill und blickt auf ihren Lebensweg zurück.

Dürrenmatt setzt in der Szene im Konradsweilerwald dramaturgische Mittel ein, die Distanz zwischen dem auf der Bühne dargestellten Geschehen und dem Zuschauer schaffen. Dazu gehören das Bühnenbild (s. Regieanweisungen), Claires groteske Erscheinung (Prothesen) und ihr Gefolge (Gatte VII und die zwei Monstren). Um diese Effekte zu erarbeiten, die die Szene von einer konventionellen Liebesszene unterscheiden, wird die Szene zunächst erspielt oder erlesen.

> *Bereitet in Kleingruppen eine szenische Darstellung der ersten Szene im Konradsweilerwald vor. Beachtet dabei auch die Hinweise des Autors in den Regieanweisungen.*

Baustein 3: Die Besucher – Die Milliardärin und ihr Gefolge

Im Anschluss an die Darstellung beschreiben die Zuschauer die Wirkung der Szene.

> *Wie hat die Szene auf euch gewirkt?*

Vermutlich äußern die Schülerinnen und Schüler, dass sie die Szene als befremdlich und komisch wahrgenommen haben, dass sie zwar Elemente einer typischen Liebesszene aufweist (Spaziergang durch den Wald, Erinnerungen an frühere Liebe, ein in Baumrinde eingeritztes Herz, Kosenamen), sich von einer romantischen Liebesszene aber deutlich unterscheidet.

Alternativ können die Schülerinnen und Schüler eine konventionelle Liebesszene entwerfen, sodass im Vergleich die Besonderheiten der Szene im Konradsweilerwald noch deutlicher hervortreten.[1] Je nachdem, wie viel Zeit zur Verfügung steht, kann es bei einem Entwurf bleiben, der schriftlich festgehalten und erläutert wird. Genauso ist es möglich, die Szene auch spielen zu lassen.

> *Entwerft eine romantische Liebesszene. Welche Personen treten auf? In welcher Umgebung befinden sie sich? Zu welcher Zeit spielt die Szene? Macht euch Notizen und entwerft auch Dialogideen.*

> *Verfasst mithilfe eurer Notizen ein Regiebuch. Denkt dabei auch an die Regieanweisungen. Bereitet die Szene so vor, dass ihr sie spielen könnt.*

Davon ausgehend geht es nun um die Frage, wie die beobachteten komischen und irritierenden Effekte der Szene im Konradsweilerwald beim Zuschauer entstehen.

> *Untersucht die Szene im Konradsweilerwald (S. 35–40): Durch welche Effekte wird die komische Wirkung auf den Zuschauer hervorgerufen bzw. weicht die Szene von einer konventionellen Liebesszene ab?*

> *Welche Funktion haben die Effekte?*

Claire und Alfred im Konradsweilerwald

- Bürger markieren Bäume
- Kartonherz
- sprechende Bäume erzeugen „Waldstimmung"
- Auftritt des Gefolges: Gatte VII und die kastrierten Butler
- C. Zachanassians nüchterne Reaktion auf Ills geheuchelte Liebesworte
- C. Zachanassians Prothesen

Komische und groteske Effekte schaffen Distanz zum Zuschauer und bewirken Desillusionierung

---

[1] Vgl. Waldmann, Günter: Produktiver Umgang mit dem Drama. Eine systematische Einführung in das produktive Verstehen traditioneller und moderner Dramenformen und das Schreiben in ihnen. 4. Aufl. Baltmannsweiler: Schneider Verlag Hohengehren 2004, S. 161

Baustein 3: Die Besucher – Die Milliardärin und ihr Gefolge

Die zweite Szene im Konradsweilerwald (S. 113–118) zeigt die veränderte Beziehung zwischen Claire Zachanassian und Alfred Ill. Sie ist eingebettet in den dritten Akt. Der Tod Ills scheint beschlossene Sache. Das Gespräch des Lehrers und Arztes mit Claire Zachanassian führt nicht zum erwünschten Ergebnis (vgl. Baustein 3.1), einen letzten, gescheiterten Versuch, den Mord an Ill durch ein Geständnis vor der Presse doch noch zu verhindern, unternimmt der Lehrer in Ills Laden. Dem Bürgermeister signalisiert Ill, den „Urteilsspruch" in der bevorstehenden Bürgerversammlung anzunehmen, der seinen Tod bedeutet (vgl. S. 106/107). Einen Selbstmord lehnt Ill aber ab.

Auf dem Weg zur Gemeindeversammlung, seine Familie unternimmt derweil einen Ausflug nach Kalberstadt, geht Ill durch den Konradsweilerwald. Dort begegnet er Claire Zachanassian. Sie führen ein ernstes Gespräch über ihr gemeinsames Kind und ihre Vergangenheit. Ill weiß, dass er noch am selben Abend zum Tod verurteilt und getötet werden wird. Die Multimillionärin spricht mit ihm über ihre vergangene Liebe zu ihm und ihren Plan, den toten Ill in einem eigens errichteten Mausoleum auf Capri in ihrer Nähe zu begraben. „Doch den Traum von Leben, von Liebe, von Vertrauen, diesen einst wirklichen Traum habe ich nicht vergessen. Ich will ihn wieder errichten mit meinen Milliarden, die Vergangenheit ändern, indem ich dich vernichte". (S. 117, Z. 23ff.)

Folgende Untersuchungsaspekte bieten sich an: die Atmosphäre während des Gesprächs, die Themen und der Ausblick in die Zukunft.

- *Beschreibt die Stimmung im Wald, während Claire Zachanassian und Alfred Ill miteinander sprechen. Berücksichtigt dabei auch, welche Geräusche und Gerüche es im Wald gibt.*
- *Über welche Themen sprechen Claire und Ill?*
- *Wie stellt Claire sich die Zukunft vor?*

- *Welche Wirkung geht von dem Gespräch aus?*

Ähnlich wie in der oben analysierten Szene im Konradsweilerwald schafft der Autor auch hier Distanz zum dargestellten Geschehen, indem er die vier Bürger wieder Bäume und Vögel markieren lässt und er Claires Gatten Nummer neun, Zoby, den Nobelpreisträger, auftreten lässt, der auf Befehl seiner Gattin einmal nicht denken soll. Trotz dieser komischen Elemente wirkt die Szene ernster auf den Zuschauer als die erste Szene im Konradsweilerwald. Das Gefolge der Multimillionärin, hier in Gestalt des Gatten IX, wird im nächsten Kapitel thematisiert.

3.3 Butler und Gatten als entpersonalisiertes Gefolge

Die Multimillionärin Claire Zachanassian tritt mit einem Gefolge auf, das aus den Gatten VII bis XI, dem Butler und Toby, Roby, Koby und Loby besteht. Schon bei der Besprechung der Dramatis Personae ist den Schülerinnen und Schülern vermutlich aufgefallen, dass diese Menschen lediglich nummeriert sind bzw. durch Reimwörter austauschbar erscheinen.
Claire Zachanassians Gefolge ist depersonalisiert, die Charakterisierung „kaugummikauend" reicht scheinbar vollkommen aus und hat den gleichen Stellenwert wie „blind" (Personen, S. 11). Keine der Personen aus dem Gefolge verfügt über individuelle Kennzeichnungen, alle dienen lediglich ihrer Herrin und werden von ihr zu willenlosen Abhängigen gemacht. Die beiden Blinden, Koby und Loby, sind kastriert, also im Wortsinn entmannt.

Baustein 3: Die Besucher – Die Milliardärin und ihr Gefolge

Auch die Gatten sind lediglich durch ihre Nummerierung gekennzeichnet, sie bekommen von der alten Dame neue Namen zugewiesen, die sich mit den anderen reimen müssen, so verlieren sie mit ihren eigenen Namen auch ihre Identität.

Betrachtet man das Gefolge als ein Beispiel dessen, dass Claire Zachanassian die Menschen in ihrer Umgebung formt, lässt sich erahnen, welche Ziele sie in Güllen mit ihrem Angebot verfolgt und welche Konsequenzen dies für die Güllener Bevölkerung haben wird.

Für eine erste Untersuchung des Gefolges eignet sich die Szene, in der der Polizist sich mit Koby und Loby unterhält (S. 32).

Um das Auftreten der beiden zu verdeutlichen, sollten die Schülerinnen und Schüler diese relativ kurze Szene zunächst szenisch umsetzen. Als Erstes wird ihnen dabei auffallen, dass diese beiden erwachsenen Männer sich an der Hand halten und so wie kleine Kinder wirken („[...] Männer mit leiser Stimme, die sich an der Hand halten, beide sorgfältig gekleidet", S. 32, Regieanweisung).

Wichtig ist auch, bei der Darstellung der Szene die Aufmerksamkeit der Lerngruppe auf die Sprache der beiden zu lenken.

> ■ *Stellt die Szene S. 32 dar, in der Koby und Loby sich vom Polizisten zu der Milliardärin bringen lassen. Achtet dabei besonders auf die Sprache der beiden blinden Männer und ihre Umsetzung in eurer Szene.*

In der Auswertung der Szenen beschreiben die Schülerinnen und Schüler Koby und Loby als kindlich wirkende, unscheinbare Männer. Sprachlich besonders auffällig ist das Wiederholen und die sehr einfache Konstruktion von Sätzen; auch dies betont das Kindliche. Am Ende der Szene werden die beiden vom Polizisten an die Hand genommen, weil er sie zu Claire bringen möchte.

Nach diesen Überlegungen können die Schülerinnen und Schüler die Sprache der beiden noch näher charakterisieren, indem sie sie z. B. durch Adjektive beschreiben. **Arbeitsblatt 14, S. 54** bietet einen Wortspeicher an, in dem die Schülerinnen und Schüler zutreffende Adjektive ankreuzen können.

> ■ *Lies die Adjektive und überlege, welche die Sprache der beiden Blinden treffend charakterisieren. Kreuze mindestens drei Wörter an, die deiner Meinung nach zutreffen. Begründe deine Wahl kurz. Du kannst auch selbst gewählte Adjektive eintragen.*

Bei der Auswertung arbeiten die Schülerinnen und Schüler heraus, dass die Sprache der beiden Männer eintönig und wenig individuell wirkt. Die beiden wirken nicht wie selbstständige Erwachsene, sondern durch ihre einfachen, sich ständig wiederholenden Sätze wie kleine Kinder. Eine Charakterisierung der beiden durch ihre Sprache erscheint nicht möglich.

Dies begründet sich einerseits in dem sehr einfachen, teilweise elliptischen Satzbau der beiden, andererseits auch in ihrem offensichtlich kaum ausgeprägten Mitteilungsbedürfnis.

Nachdem die Schülerinnen und Schüler diese sprachlichen Besonderheiten herausgearbeitet haben, ist die Frage von Interesse, wie die Beziehung zwischen Claire Zachanassian und den beiden Männern sich darstellt und ob die Unselbstständigkeit der beiden Männer hier ihre Ursache hat.

Aussagen dazu finden sich ebenfalls in dieser Szene. Nach ihrem Namen gefragt, antworten Koby und Loby: „Sie nennt uns Koby und Loby" (S. 32, Z. 7). Den Schülerinnen und Schülern fällt auf, dass sie nicht ihre tatsächlichen Namen nennen, sondern nur die, die sie von der alten Dame bekommen haben. Das lässt den Rückschluss zu, dass sie ihre Identität verloren haben. Auch die Aussage „Wir gehören zur alten Dame" (S. 32, Z. 6) ist eine für erwachsene Menschen ungewöhnliche Antwort auf die Frage „Wer seid denn ihr?" (S. 32, Z. 5). Noch aussagekräftiger erscheint es, dass die beiden Männer als Grund für ihre scheinbare Fröhlichkeit angeben: „Kriegen Koteletts und Schinken. Alle Tage, alle Tage" (S. 32, Z. 24).

Das verdeutlicht, dass die beiden sich wie unselbstständige Geschöpfe behandeln lassen, letztendlich erinnert diese Art des Umgangs eher an das Halten von gut gepflegten Haustieren.

Auch die erstaunte Bemerkung „Männer, er hält uns für Männer!" (S. 32, Z. 19) zeigt die Entmannung der beiden, die diese offenbar für selbstverständlich halten.

Die Schülerinnen und Schüler erarbeiten die Beziehung zwischen Claire und den Männern:

■ *Lest die Szene auf S. 32 noch einmal und unterstreicht alle Aussagen, die Rückschlüsse auf die Beziehung zwischen Claire Zachanassian und den beiden blinden Männern zulassen.*

Die Ergebnisse werden in einem Tafelbild festgehalten:

Die Beziehung zwischen den blinden Männern und Claire Zachanassian

- „Wir gehören zur alten Dame." (Z. 6) → **Abhängigkeit**
- „Sie nennt uns Koby und Loby." (Z. 7) → **Abhängigkeit, Verlust der eigenen Identität**
- „Kriegen Koteletts und Schinken. Alle Tage, alle Tage." (Z. 24) → **Gute Versorgung, Abhängigkeit**
- „Männer, er hält uns für Männer!" (Z. 19) → **Entmannung**

Leben in Unselbstständigkeit und Abhängigkeit, Verhältnis ähnelt dem zwischen Haustieren und ihren Besitzern

---

Koby und Loby sind in diese Abhängigkeit geraten, weil sie vor Jahren im Vaterschaftsprozess eine falsche Aussage für Alfred Ill machten, nachdem dieser sie mit einer Flasche Schnaps bestochen hatte. Aus Rache ließ Claire Zachanassian sie auf der ganzen Welt suchen und bestrafte sie dadurch, dass sie sie blenden und kastrieren ließ. Dieses erklären die beiden in einer Szene auf S. 47, Z. 8 bis S. 48, die ebenfalls interessant ist im Hinblick auf die Rolle der beiden blinden Männer und ihre Darstellung im Drama.

Die Schülerinnen und Schüler lesen diese Szene zunächst in verteilten Rollen und äußern sich auch hier zu dem Eindruck, den die Sprache der beiden Männer auf sie macht.

■ *Lasst die Szene auf euch wirken, ohne den Text mitzulesen. Wie wirkt die Sprache der beiden blinden Männer auf euch? Passt sie zum Inhalt des Gesprächs?*

Auffällig ist wiederum das Wiederholen jedes Satzes und die sehr einfache Struktur des Satzbaus. Dies steht in besonders deutlichem Gegensatz zu der Tatsache, dass die beiden Männer eigentlich gerade sehr dramatische Ereignisse ihres Lebens erzählen sollen, nämlich von der Zeit, in der sie von den Helfern der Milliardärin gefangen genommen und geblendet und kastriert wurden. Die Schülerinnen und Schüler äußern ihre Eindrücke, sie werden feststellen, dass die Sprache der beiden Männer wie in der vorherigen Szene wirkt, und den fehlenden Bezug zum Inhalt herausarbeiten.

Um die sehr einfache Sprache einerseits und die fehlende emotionale Beteiligung andererseits zu verdeutlichen und ihre Wirkung zu untersuchen, können die Schülerinnen und Schüler die beiden Männer ihre Lebensgeschichte zusammenhängend und ohne Zwischenfragen des Butlers erzählen lassen. Sie schreiben die Szene so um, dass die Sprache der beiden Männer auch ihre emotionale Beteiligung erkennen lässt.

> ■ *Überlegt euch, wie Koby und Loby sich gefühlt haben müssen, als sie zunächst einen falschen Schwur geleistet hatten und einige Jahre später von Claire Zachanassian gefunden und bestraft wurden. Schreibt die Szene so um, dass eine emotionale Beteiligung der beiden Männer deutlich wird.*

Nachdem die neuen Szenen vorgelesen worden sind, vergleichen die Schülerinnen und Schüler die Wirkung der beiden Fassungen miteinander.

> ■ *Vergleicht die Wirkung der Originalszene und der von euch geschriebenen Szene miteinander.*

Die Ergebnisse werden im Tafelbild festgehalten:

Originalfassung:	neue Szene:
• Männer wirken gefühllos	• Gefühle werden deutlich
• Sprache ist eintönig, kindlich	• Sprache ist spannend, individuell
• das Geschehene wirkt unwichtig	• Ereignisse wirken bedrohlich
↓	↓
keine Identifikationsmöglichkeit	**individuelle Menschen, Leser fühlt mit**

Zunächst wird im Unterrichtsgespräch geklärt, durch welche Umstände die beiden Männer in diese Rolle geraten sind. Dabei sind die Geschehnisse vor 45 Jahren um den Vaterschaftsprozess und die falschen Zeugenaussagen wichtig. Anschließend stellt sich die Frage nach dem Menschenbild Claire Zachanassians.

> ■ *Welches Menschenbild zeigt sich in Claire Zachanassians Umgang mit ihrem Gefolge bzw. ihren Butlern?*

Die Schülerinnen und Schüler erkennen, dass diese Darstellungsweise den Zuschauern verdeutlicht, dass die Menschen in Claire Zachanassians Umgebung durch ihre Rachegelüste und ihre finanzielle Macht vollkommen eingeschüchtert werden und keine Möglichkeit mehr haben, ein individuelles Leben mit eigenen Gefühlen zu leben:
„Sie sind willenlose, gekaufte Marionetten der Milliardärin. Sind die Güllener die zukünftige Beute Claires, repräsentieren Koby, Loby und der Butler, der ehemalige Richter also und die beiden falschen Zeugen, die durch Geld eingeholte Vergangenheit, die Gatten und die

Bodyguards die gekaufte Gegenwart. Ihr Ensemble vertritt die Universalität der Geldethik und der Instrumentalisierung des Menschen."[1]

Die Schülerinnen und Schüler sind nun zu dem Ergebnis gekommen, dass es den beiden Männern an Selbstständigkeit und Aussagekraft fehlt, sie haben keine individuellen Charaktereigenschaften. In diesem Zusammenhang können die beiden Fachbegriffe Charakter und Typus eingeführt werden. Dazu bearbeiten die Schülerinnen und Schüler **Arbeitsblatt 15**, S. 55 und begründen anhand dessen, ob Koby und Loby Typen oder Charaktere sind.

Dadurch wird ihnen auch deutlich, dass die Polarisierung zwischen Typen und Charakteren in diesem Drama sehr ausgeprägt ist und die Wirkung des Grotesken der Claire Zachanassian herausstellt.

Augenfällig ist in dieser Szene auch die ausgeprägte Rachsucht Claire Zachanassians, die erstmalig deutlich wird. Sie lässt die beiden Männer suchen und bestraft sie in Selbstjustiz. Dies lässt bereits erahnen, wie unerbittlich sie im weiteren Verlauf des Dramas mit Ill umgehen wird.

Notizen

---

[1] Vgl. Frizen, Werner: Friedrich Dürrenmatt. Der Besuch der alten Dame. 3., überarb. Aufl. München: Oldenbourg 1998, S. 45

Von Losen, dem Schicksal und Lebensfäden – Klotho, Lachesis und Atropos in der antiken Mythologie – Ein Sachtext

Moirai oder Moiren, göttliche Wesen, die den Ablauf der Ereignisse im menschlichen Leben bestimmten. Moirai war ihr Name bei den Griechen; bei den Römern hießen sie Fata oder Parcae.
Teilweise Verkörperungen der Idee des unerbittlichen Schicksals, wurden sie von verschiedenen Schriftstellern unterschiedlich aufgefasst. Ihre Zahl wechselte von eins bis drei. In manchen Fällen scheinen sie nur den Willen der Götter auszuführen, in anderen beugt sich sogar Zeus ihrem Willen. [...]
Ebenso oft wie die Moiren mit dem Ende des Lebens in Verbindung gebracht werden, erschienen sie auch an seinem Beginn. Sie zeigten sich zum Beispiel Althaia sieben Tage nach der Geburt des Meleager und sagten in der Art von Geburtsgeistern seine Zukunft voraus. Ihr Name Parcae (Gebärerinnen) bezieht sich auf diese Funktion.
Moirai, was „Teile" oder „zugeloste Anteile" bedeutet, stellt sie nur als Lose der Menschen im Leben dar, und Lachesis' Name „Zuteilerin der Lose" bekräftigt diese Auffassung.

Die Metapher des Spinnens, die von Homer wiederholt gebraucht wird, wenn er von den Göttern spricht, die den Menschen Schicksale zuteilen, scheint für Klothos Namen „Spinnerin" und für viele spätere Darstellungen der drei Frauen den Anlass gegeben zu haben: sie spinnen den Lebensfaden, messen ihn und schneiden ihn ab.
Was sie einmal gesponnen haben, betreffend der Einschränkungen des Lebens, ist in den meisten Fällen endgültig und dauerhaft. Deshalb werden sie auch als mächtig, zwingend oder erdrückend bezeichnet.
Das Zeichen der Moiren war mit dem dreifachen Dreieck oder dreieckigen Widderkopf verbunden. Klotho hatte die Spindel, Lachesis die Schriftrolle und Atropos die Schere.

Zusammengestellt nach: Reclams Lexikon der antiken Mythologie. Von Edward Tripp. Übersetzung von Rainer Rauthe. 6. Aufl. Stuttgart: Philipp Reclam jun. 1999, S. 350–351, und Wikipedia, Stichwort „Moiren" (aufgesucht am 19.05.2006)

- *Lies den Sachtext über die Schicksalsgöttinnen aufmerksam.*
- *Formuliere ca. fünf Fragen, auf die der Text eine Antwort gibt.*
- *Tausche die Fragen mit deinem Nachbarn oder deiner Nachbarin aus. Überprüft euer Textverständnis, indem ihr die Fragen wechselseitig beantwortet.*
- *Fasse deine Kenntnisse über die Schicksalsgöttinnen in einem Schaubild zusammen.*

Medeia (Medea), Tochter des Königs Aietes von Kolchis

Als die Argonauten nach Kolchis kommen, verliebt sich Medea in Iason und verhilft ihm mit ihren Zauberkünsten zum Goldenen Vlies. Auf der Flucht vor Aietes tötet sie ihren Bruder Apsyrtos und wirft den Leichnam zerstückelt ins Meer, um den Vater bei der Verfolgung aufzuhalten. Auf der Heimfahrt der Argonauten feiert sie mit Iason bei König Alkinoos auf Kerkyra Hochzeit. Auf Kreta vernichtet sie den gefährlichen Riesen Talos, der die Argonauten bedroht.

Nach der Ankunft in Iolkos überreicht Iason seinem Onkel Pelias das Goldene Vlies, bleibt aber von der Herrschaft ausgeschlossen. Schon vorher hat Pelias Iasons Vater Aison und dessen Familie in den Tod getrieben. Im Auftrag Iasons nimmt Medea an Pelias grimmige Rache. Sie zeigt dessen Töchtern die Verjüngung eines alten Widders, den sie in Stücke schneidet und mit Zauberkräutern aufkocht. Es gelingt ihr, die Mädchen zu überreden, ihren Vater ebenso zu zerstückeln, um ihn wieder jung zu machen. Natürlich wendet Medea ihren Verjüngungszauber diesmal nicht an. Des Pelias Sohn Akastos treibt Iason und Medea aus dem Lande.

Die beiden fliehen nach Korinth, wo sie jahrelang in glücklicher Ehe leben, aus der zwei Knaben hervorgehen. Später verstößt Iason die Barbarin [Fremde] Medea, um die Tochter des Königs Kreon von Korinth, Glauke, zu heiraten. Medea übersendet Glauke ein kostbares Gewand, aus dem Flammen emporschlagen, sodass der König mit seiner Tochter verbrennt. Um die Rache an Iason vollkommen zu machen, tötet Medea sogar ihre beiden Kinder. Nachdem sie die Leichen der Kinder in der Burg von Korinth im Heiligtum der Hera Akraia bestattet hat, flieht sie selbst auf einem Wagen mit geflügelten Drachen, den sie von ihrem Großvater Helios erhält, zu König Aigeus nach Athen. – Als Medea hier nach Jahren Theseus, den Sohn des Königs, zu vergiften versucht, wird sie auch aus Athen vertrieben. [...]

Die Gestaltung der Medea-Sage durch Euripides in seiner uns erhaltenen Tragödie „Medeia" wurde Vorbild für die Behandlung des Stoffes in der Weltliteratur.

Aus: Herbert Hunger: Lexikon der griechischen und römischen Mythologie. Wien: Verlag Brüder Hollinek 8., erw. Aufl. 1988, S. 306–307

■ *Lies den Auszug aus einem Lexikonartikel über Medea aufmerksam und stelle die wichtigsten Informationen in einem Flussdiagramm zusammen.*

Dramenszenen beschreiben und deuten

Ein wichtiger Teil der Arbeit an einem Drama wird für dich darin bestehen, einzelne Szenen zu analysieren und zu interpretieren, d. h. zu beschreiben und zu deuten, und die Ergebnisse in einem Text zusammenzufassen. Im Folgenden erhältst du einige Tipps, wie du dabei sinnvoll vorgehen kannst und wie eine Textanalyse aufgebaut werden kann.

Einleitung

- Hinweise zu äußeren Textmerkmalen des gesamten Dramas (Autor, Titel, Entstehungszeit/Erscheinungsjahr, geschichtlicher Hintergrund/Epochenzugehörigkeit)
- Hinweise zur Szene bzw. zum Szenenausschnitt (Einbettung der Szene in den Gesamtzusammenhang, Anlass und Thema des Dialogs, Gesprächspartner)

Hauptteil

- Inhalt und Gliederung des Gesprächs (Worum geht es in der Szene/im Szenenausschnitt? Lässt sich der Gesprächsverlauf gliedern, fallen z. B. Störungen, Unterbrechungen, Höhe- oder Wendepunkte auf?)
- Gesprächsziele und Motive (Welche Intentionen haben die Gesprächspartner, und wie gehen sie bei der Verwirklichung ihrer Absichten vor? Welche Gefühle und Charaktereigenschaften der Figuren kommen zum Ausdruck?)
- Beziehung der Gesprächspartner (Wer führt/dominiert das Gespräch? Wie ist das Verhältnis der Gesprächspartner zueinander? Verändert sich diese Beziehung im Verlauf des Gesprächs?)
- Sprechweise der Dialogpartner (Welcher Sprache bedienen sich die Gesprächspartner? Hierbei kannst du Auffälligkeiten im Satzbau, Ausdruck, bei der Verwendung rhetorischer Figuren oder die Häufung bestimmter Satzschlusszeichen untersuchen.)
- Wirkung auf den Zuschauer (Welche Atmosphäre geht von dem Gespräch aus?)
- Wissen zum Kontext (Entstehungszeit/Epoche des Dramas, Angaben zum Autor)

Schluss

- Art des Gesprächs (z. B. zwanglose Unterhaltung, förmliche Besprechung, Streitgespräch)
- Bedeutung des Gesprächs für die gesamte Handlung und das Thema des Dramas (z. B. das Gespräch als Wendepunkt der Handlung, als Weiterentwicklung einer Figur oder als Aufbau, Höhepunkt oder Lösung eines Konflikts)
- persönliche Wertung

Abschließend noch einige Tipps:

- Beobachtungen zur Sprechweise der Dialogpartner lassen sich in der Regel auch geschickt an andere Punkte des Hauptteils anbinden, anstatt sie in einem Abschnitt gesondert zu behandeln. Gleiches gilt für das Wissen zum Kontext.
- Beziehe die Regieanweisungen in die Szenenanalyse mit ein.
- Verleihe deinem Text auch äußerlich einen klar erkennbaren Aufbau (Absätze).
- Füge Zitate als Beleg für deine Deutungen sinnvoll und korrekt in den eigenen Satzbau ein.
- Kennzeichne Vermutungen mit „eventuell", „möglicherweise", „vielleicht" usw.
- Schreibe im Präsens.

Aus: Aufsatz 9/10. Hg. v. Johannes Diekhans. Erarbeitet von Franz Waldherr und Stefan Wiesekopsieker. Paderborn: Schöningh 2004 (= Grundlagen Deutsch)

„Güllen für einen Mord, Konjunktur für eine Leiche" – Gesprächsanalyse

Analysiere das Gespräch zwischen Claire Zachanassian, dem Lehrer und dem Arzt (S. 88–91). Die einzelnen Fragen helfen dir, deine Ergebnisse zu strukturieren. Trage sie anschließend in das Arbeitsblatt ein.

Wo, wann und aus welchem Anlass findet das Gespräch statt?	Worüber sprechen die Beteiligten?	Wie ist das Gespräch aufgebaut (Störungen, Unterbrechungen, Höhe- oder Wendepunkte)?	In welcher Beziehung stehen die Personen?	Welche Absichten verfolgen die Gesprächspartner? Mit welchen sprachlichen Mitteln werden sie unterstützt?
•	•	•	•	•

„Güllen für einen Mord, Konjunktur für eine Leiche" – Gesprächsanalyse (Lösungsvorschlag)

Analysiere das Gespräch zwischen Claire Zachanassian, dem Lehrer und dem Arzt (S. 88–91). Die einzelnen Fragen helfen dir, deine Ergebnisse zu strukturieren. Trage sie anschließend in das Arbeitsblatt ein.

Wo, wann und aus welchem Anlass findet das Gespräch statt?	Worüber sprechen die Beteiligten?	Wie ist das Gespräch aufgebaut (Störungen, Unterbrechungen, Höhe- oder Wendepunkte)?	In welcher Beziehung stehen die Personen?	Welche Absichten verfolgen die Gesprächspartner? Mit welchen sprachlichen Mitteln werden sie unterstützt?
• Peter'sche Scheune • kurz nach der Hochzeitszeremonie Claires • Verschuldung der Güllener • Vorschlag, um den Mord an Ill zu umgehen: Investitionen Claires in die Güllener Wirtschaft	• Vorschlag der Güllener: rentable Investitionen in die Wirtschaft • Enthüllung Claires: Aufkauf der Industrie bereits abgeschlossen; Ruin der Industrie Teil ihres Plans • Vergangenheit Claires in Güllen (Verlassen der Stadt, Verhalten der Bürger damals) als Motiv für ihren Plan	• Beschreibung des wirtschaftlichen Potenzials Güllens (Öl, Erz) (S. 88, Z. 21 – S. 89, Z. 12) • Unterbreitung des Vorschlags: Investitionen (S. 89, Z. 13 – 25) • Enthüllung Claires: Ruin der Industrie Teil ihres Plans (Wendepunkt: S. 89, Z. 26 – S. 90, Z. 6) • Claires Erläuterung ihrer Motive (S. 90, Z. 9 – 18) • vergeblicher Appell des Lehrers an Claire: Menschlichkeit, Abkehr von der Rache (S. 90, Z. 21 – S. 91, Z. 2) und Claires Reaktion (S. 91, Z. 3ff.)	• Überlegenheit Claires (sie spielt Schicksal) • Abhängigkeit und Unterlegenheit der Güllener Bürger (durch ihre Ahnungslosigkeit und die Schulden)	• Claire: Demonstration der Hoffnungslosigkeit Güllens • Güllener Bürger: Ausweg aus dem Dilemma (Mord an Ill) • Versuch, Claire von dem Geschäft zu überzeugen • Versuch, Claire von ihrem Plan abzubringen (Appell an ihre Menschlichkeit) **Sprache:** • appellierend (Lehrer), auffordernd, namentliche Ansprache, Aufzählung, Akkumulation • elliptischer Satzbau, prägnant, formelhaft, aufzählend (Claire)

Die Sprache der beiden blinden Männer

■ Lies die Adjektive und überlege, welche die Sprache der beiden Blinden treffend charakterisieren. Kreuze mindestens drei Wörter an, die deiner Meinung nach zutreffen. Begründe deine Wahl kurz. Du kannst auch selbstgewählte Adjektive eintragen.

Die Sprache der blinden Männer wirkt ...	Ich stimme zu, weil ...
ausdrucksvoll	
gefühlvoll	
lebendig	
kompliziert	
informativ	
literarisch	
wissenschaftlich	
abwechslungsreich	
langweilig	
kindlich	
eintönig	
intelligent	
spannend	
aufregend	
erzählend	
schlicht	
ausdruckslos	
individuell	

Charaktere und Typen – Figuren in einem Drama[1]

In einem Drama treten zahlreiche Personen auf, die unterschiedlich wichtig für die Handlung sind und in unterschiedlicher Art und Weise vorgestellt und charakterisiert werden.

Charaktere
- sind individuell charakterisiert
- haben häufig eine besondere Rolle im Drama (Hauptfigur)
- haben eine eigene Biografie
- sprechen eine charakteristische Sprache
- haben oft einen aussagekräftigen Namen
- verändern sich gegebenenfalls im Verlauf der Handlung

Typen
- zeigen wenig oder keine individuellen Eigenschaften
- haben oft eine bestimmte Funktion, die sie auszeichnet
- haben wenig Anteil an der Fortführung der Handlung
- haben keine individuelle Biografie
- sprechen eine funktionelle Sprache
- haben selten aussagekräftige Namen
- verändern sich nicht im Verlauf der Handlung

■ *Lies die Erläuterungen aufmerksam durch und begründe, ob Koby und Loby in dem Drama Charaktere oder Typen sind. Greife dazu auf die bisherigen Unterrichtsergebnisse zurück.*

■ *Nenne weitere Beispiele aus dem Drama für Typen und Charaktere.*

---
[1] Vgl. Gigl, Klaus: Deutsch. Prosa, Drama, Lyrik. Stuttgart: Klett 2002, S. 51

Baustein 4

Die Güllener Bürger als Verräter – Der zweite Akt

Dieses Kapitel geht der Frage nach, wie sich das Verhalten der Güllener nach Claires Mordaufruf entwickelt. Im Zentrum steht der zweite Akt, der textchronologisch erarbeitet wird. Es zeigt sich, dass die Güllener Bürger im Verlauf der Handlung Ills Vergehen und seine Schuld übertreiben, um ihr Gewissen zu besänftigen. Sie behaupten, die Gerechtigkeit zu verteidigen, in Wirklichkeit dienen sie nur ihrem eigenen Profitdenken. Dass Ills Schicksal sich metaphorisch in dem des schwarzen Panthers spiegelt, wird in Baustein 4.2 untersucht: Das Motiv des Panthers wird analysiert und die Jagd nach dem Tier als Parallelhandlung zu der „Jagd" auf Ill verdeutlicht.

4.1 Ein Mord kündigt sich an – Chronologie eines Verrats

Die Erarbeitungsschwerpunkte dieses Kapitels ergeben sich überwiegend aus der Struktur des zweiten Akts. Es lassen sich drei Handlungsebenen unterscheiden: Claire Zachanassian wartet, nachdem sie den Güllenern im Goldenen Apostel ihr „Angebot" gemacht hat, dessen Wirkung auf die Bürger ab. Szenisch ist dieses Warten mithilfe „einer Art Simultanbühne"[1] umgesetzt, die Claire und ihre Begleiter auf dem Balkon des Wirtshauses zeigt. Die alte Dame ist also bei den kommenden Geschehnissen allgegenwärtig.
Während sie die Wirkung ihres „Angebots" einfach abwartet, verstricken sich die Bürger in Schulden. Sie leisten sich Luxusartikel wie Zigarren, Schokolade und neue Schuhe. Daran ist zu erkennen, dass sie auf Claire Zachanassians „Angebot", das der Bürgermeister zunächst im Namen der Gerechtigkeit abgelehnt hat, eingehen. Die wachsenden Schulden können die Bürger nur mithilfe der Milliarde Zachanassians abtragen. Alfred Ill begreift diesen Zusammenhang und sucht vergeblich Hilfe bei den Ordnungsmächten im Ort, bei der Polizei, dem Bürgermeister und dem Pfarrer. Schließlich wendet er sich an Claire Zachanassian selbst und unternimmt einen missglückten Fluchtversuch.
Diese Handlungsstränge werden von einer weiteren Parallelhandlung begleitet: der Jagd nach dem entlaufenen schwarzen Panther. Die Jagdszenen und die Tötung des Panthers weisen metaphorisch auf die Geschehnisse im dritten Akt, die Ermordung Ills, hin (Baustein 5).

Wie auch zu Beginn des Bausteins 2 wird zunächst die Bühnengestaltung in den Vordergrund gerückt. Ziel ist es, ihre Funktion für die Handlung zu erkennen: Auf dem Balkon ist Claire Zachanassian während der gesamten Handlung gegenwärtig, ihr Warten wird so szenisch umgesetzt. Die Wirkung und der Einfluss ihres „Angebots" auf die Geschehnisse spiegelt sich also auch in der Bühnengestaltung wider.
Zunächst entwerfen die Schülerinnen und Schüler anhand der Regieanweisungen des zweiten Akts eine Skizze des Bühnenbilds. Dies kann in Kleingruppen geschehen.

---

[1] Sigrid Mayer: Friedrich Dürrenmatt. Der Besuch der alten Dame. 7. Aufl. Frankfurt: Diesterweg 1998, S. 25 (Reihe Grundlagen und Gedanken Drama)

Baustein 4: Die Güllener Bürger als Verräter – Der zweite Akt

> ■ *Lest aufmerksam die Regieanweisungen im zweiten Akt und skizziert nach diesen Angaben das Bühnenbild.*

Die Auswertung der Entwürfe und Skizzen kann im Plenum oder in Kleingruppen erfolgen, die ihre Bühnenbilder untereinander austauschen und erläutern. Folgende Fragen und Beobachtungsaufträge strukturieren die Besprechung:

> ■ *Beschreibt, wie die Bühne aufgebaut ist.*
>
> ■ *Was ist auf der Bühne zu sehen und welche Figuren halten sich wo auf der Bühne auf?*
>
> ■ *Warum hat der Autor sich für dieses Bühnenbild entschieden? Welche Funktion hat die Gestaltung der Bühne (insbesondere der Balkon) für den zweiten Akt?*

Die Gestaltung der Bühne weist die Schülerinnen und Schüler bereits auf die parallele Anordnung der Handlungsstränge hin (Claire-Geschehen und Ill-Geschehen).

Als Nächstes rückt der zweite Handlungsstrang in den Mittelpunkt, das Ill-Geschehen. Hier wird textchronologisch vorgegangen, indem zunächst untersucht wird, was sich in Ills Laden abspielt. In der Ladenszene zeigt sich der Zusammenhang zwischen dem Konsum der Bürger und ihrem moralischen Verfall. Die Analyse dieser Szene bildet den ersten Schritt, um die Entwicklung im Verhalten der Güllener zu erarbeiten. Nachdem die Szene gemeinsam gelesen worden ist, beschäftigen sich die Schülerinnen und Schüler mit folgender Frage:

> ■ *Wie verhalten sich die Güllener in der Ladenszene (S. 51–57) und was bedeutet dies für ihre Beziehung zu Ill?*

Das folgende Tafelbild fasst mögliche Ergebnisse zusammen:

In Ills Laden (S. 51–57)

- Einkäufe der Bürger: teure Waren, Luxusartikel (z. B. Zigaretten, Schokolade, Kognak; S. 53, 55, 57)
- Bürger lassen anschreiben (S. 55) → Verschuldung
- sie versichern Ill ihre Solidarität (S. 56–57)

Schulden erzeugen finanzielle Abhängigkeit von C. Zachanassian
Wahrscheinlichkeit von Ills Tod steigt
Widerspruch zwischen Worten und Taten

Abgesehen von dem Verhalten der Güllener Bürger zeigt die Szene noch weitere Vordeutungen auf Ills Tod: Die Butler transportieren Beerdigungskränze ins Hotel (S. 51), und um zu bekräftigen, dass Ill im Frühjahr zum Bürgermeister gewählt werde, verwendet der erste Bürger mehrfach das Adjektiv „todsicher" (S. 57). Diese Aspekte können, nachdem der Zusammenhang zwischen dem Konsum und dem Tod Ills hergestellt ist, im Unterrichtsgespräch geklärt werden.

Ill erkennt diesen Zusammenhang und fühlt sich bedroht. Seine Reaktion auf das Verhalten der Bürger wird aber nur knapp dargestellt („Womit wollt ihr zahlen? *Schweigen. Er beginnt die Kundschaft mit Waren zu bewerfen. Alle flüchten*", S. 60). Um die bisherigen Ergebnisse zu vertiefen, können die Schülerinnen und Schüler Ills Gedanken und Gefühle an dieser Stelle ausgestalten, indem sie ein Gespräch mit seiner Frau verfassen, in dem er ihr von den Einkäufen auf Kredit erzählt und seine Angst darüber zum Ausdruck bringt. Alternativ können sie auch einen inneren Monolog Ills schreiben.

■ *Verfasse einen inneren Monolog Ills zu den Ereignissen im Laden.*

Alternativ:

■ *Gestalte ein Gespräch zwischen Ill und seiner Frau, in dem er ihr von dem Verhalten der Bürger berichtet. Wie könnte seine Frau reagieren?*

Es sollten jeweils der Zusammenhang von wachsendem Konsum und sinkenden Überlebenschancen Ills sowie seine Angst und Enttäuschung darüber deutlich werden.

Nach den Vorgängen im Laden sucht Ill Hilfe bei drei Ordnungsinstanzen. Seine Bemühungen zeigen sich in drei Gesprächen:

1. Das Gespräch zwischen Ill und dem Polizisten (S. 61–66): Ill verlangt von der Polizei, dass sie Claire Zachanassian wegen Anstiftung zum Mord festnimmt. Dies lehnt der Polizist mit dem Hinweis ab, der Vorschlag der alten Dame sei nicht ernst gemeint. Die gebotene Summe beweise dies. Erst falls Ill tatsächlich von jemandem bedroht werde, sagt er ihm Hilfe zu.

   Dieser Versicherung widerspricht das Verhalten des Polizisten, der wie die anderen Bürger den neuen Luxus genießt und so mit Ills Tod rechnet.

2. Das Gespräch zwischen Ill und dem Bürgermeister (S. 67–72): Der Bürgermeister bietet Ill scheinbar ein offenes Ohr für seine Sorgen, aber auch er leistet sich teure Waren. Er verurteilt Ills Fehlverhalten gegenüber Claire als unmoralisch und beruft sich gleichzeitig auf humanistische Werte, denen er sich verpflichtet fühlt. Seine Worte werden als Heuchelei entlarvt.

3. Das Gespräch zwischen Ill und dem Pfarrer (S. 73–76): Der Pfarrer beschwichtigt Ill zunächst mit religiösen Floskeln von Sünde, Hölle, ewigem Leben und Gewissen. Aber auch er wird entlarvt: Das Läuten einer neu erworbenen Glocke verrät, dass auch er mit Ills Tod rechnet. Am Ende des Gesprächs gibt er seine verlogene Haltung auf, indem er Ill zur Flucht auffordert.

Bevor die einzelnen Szenen näher untersucht werden, besprechen die Schülerinnen und Schüler, warum Ill sich gerade an diese drei Personen wendet und was er von ihnen erwartet.

■ *Warum wendet Ill sich an diese drei Personen? Was erwartet er von ihnen?*

Die drei Figuren treten nicht als Individuen auf, sie haben keine Namen (vgl. Baustein 3.3). Vielmehr steht ihre Funktion im Vordergrund. Der Polizist steht für das Rechtssystem, der Bürgermeister repräsentiert die gesamte Gemeinde, und der Pfarrer steht stellvertretend für die Religion und den Glauben. Von ihnen erwartet Ill, dass sie das Verhalten der Güllener aus rechtlichen, moralischen und religiösen Gründen missbilligen und ihn unterstützen. Diese Erwartungen werden enttäuscht.

Für eine Dialoganalyse bieten sich die drei Szenen in besonderer Weise an. Sie zeigen deutlich die Entwicklung im Verhalten der Güllener. Sie verweigern dem zu Beginn der Handlung noch angesehenen Ill die Unterstützung, indem sie seine Vergehen gegenüber Claire als ungeheuerliches moralisches Verbrechen erscheinen lassen, das ihnen das Recht gibt, Ill für den Preis von einer Milliarde zu töten.

Sind die Schülerinnen und Schüler noch nicht oder erst wenig mit der Untersuchung von Dramentexten vertraut, können sie zunächst Fragen sammeln, die eine Szenenanalyse beantworten sollte, z. B.: Wer ist an dem Gespräch beteiligt? Aus welchem Anlass findet es statt? Welche Absichten verfolgen die Gesprächspartner?

■ *Überlegt, auf welche Fragen eine Szenen- oder Dialoganalyse antworten sollte.*

Es besteht auch die Möglichkeit, ein Arbeitsblatt einzusetzen, das Schritt für Schritt zu einer Dialoganalyse anleitet. Es enthält verschiedene Arbeitsaufträge und Fragen, zu denen teilweise verschiedene Antwortalternativen vorgegeben sind (**Arbeitsblatt 16**, S. 64f.). Eine andere Möglichkeit bietet das folgende Tafelbild. Es gibt ein Raster vor, das die Arbeit am Text strukturiert. Ebenso kann, um die Analysefähigkeiten zu erproben und zu vertiefen, eine verbesserungswürdige Gesprächsanalyse zu der Szene mit dem Pfarrer (**Arbeitsblatt 17**, S. 66) überarbeitet werden. Für diese Vorgehensweise bietet sich Gruppenarbeit an, in der sich die Schülerinnen und Schüler über gelungene und verbesserungswürdige Textpassagen zunächst austauschen können. Zur Sicherung der Ergebnisse wird das Arbeitsblatt auf Folie kopiert, überarbeitungswürdige Textpassagen und Verbesserungsvorschläge können dann eingetragen werden.

Dialoganalyse

Anlass und Inhalte des Gesprächs	Aufbau des Gesprächs	Ziele der Gesprächspartner	Beziehung der Gesprächspartner	Bedeutung für die gesamte Handlung

Aufgrund des Textumfangs und zu erwartender ähnlicher Ergebnisse können die Szenen auch arbeitsteilig analysiert werden. Die Ergebnisse können auf einer Folie zusammengestellt und präsentiert werden. Als Folienvorlage kann das Raster aus dem Tafelbild dienen. Die Schülerinnen und Schüler erhalten folgenden Arbeitsauftrag:

■ *Was sagt das Gespräch über das Verhältnis der Gesprächspartner aus? Analysiert es und haltet eure Ergebnisse stichwortartig fest.*

Ein wichtiges Ergebnis der Gesprächsanalysen ist die Diskrepanz zwischen dem, was die Güllener sagen, und dem, was sie tun. Eine Ausnahme bildet der Dialog mit dem Pfarrer. Als Einziger sagt er Ill die Wahrheit, indem er ihn auffordert zu fliehen. Bürgermeister und Polizist dagegen bestreiten hartnäckig, dass Ill überhaupt bedroht werde (vgl. S. 65, 71). Gleichzeitig spricht ihr Verhalten eine andere Sprache. Der Bürgermeister plant ein neues Stadthaus und verbessert seine Büroausstattung, der Polizist besitzt neue Schuhe und hat einen neuen Goldzahn. Ihre Beteuerungen gegenüber Ill werden durch diese Umstände als Lügen und Heuchelei entlarvt. Das trifft besonders auf den Bürgermeister zu, der Ill moralisch verwerfliches Handeln vorwirft und ihn aufgrund seiner Vergehen gegen Claire das Recht abspricht, „die Verhaftung der Dame zu verlangen" (S. 70).

Baustein 4: Die Güllener Bürger als Verräter – Der zweite Akt

Eine szenische Umsetzung des Gesprächs zwischen Ill und dem Bürgermeister mit der Alter-Ego-Technik kann den Widerspruch zwischen seinen Worten und dem, was er denkt und fühlt, verdeutlichen. Dafür wird die szenische Präsentation an verschiedenen Stellen unterbrochen, die Spieler frieren ihre Bewegungen ein, und das Alter Ego des Bürgermeisters wird zu seinen Gefühlen und Gedanken befragt; die innere Handlung der Figur soll auf diese Weise veranschaulicht werden. Für das szenische Interpretieren erhalten die Schülerinnen und Schüler nach einer kurzen Erläuterung der Alter-Ego-Technik folgende Arbeitsaufträge:

- *Lest die Szene (S. 67–72) in eurer Gruppe zunächst still und verteilt anschließend die verschiedenen Rollen: Ill, Bürgermeister, Alter Ego des Bürgermeisters. Überlegt zusammen, was dem Bürgermeister während des Gesprächs durch den Kopf gehen könnte. Was denkt und fühlt er?*

- *Denkt anschließend darüber nach, wie ihr das Gespräch szenisch umsetzen könnt (Körperhaltung, Sprechweise der Figuren, …).*

- *Wählt ein Mitglied eurer Gruppe als Regisseur aus und versucht nun, die Szene zu spielen. Bei der Vorführung werdet ihr mehrfach unterbrochen. Dann sollen die Spieler ihre Bewegungen einfrieren. Das Alter Ego wird nach seinen Gedanken und Gefühlen in der jeweiligen Situation befragt.*

Eine Unterbrechung des Spiels bietet sich beispielsweise an folgenden Textstellen an:

- S. 68, nach „Fürchten?"
- S. 69, nach „[...] diese Werte verpflichten." oder S. 69, nach „Wir leben schließlich in einem Rechtsstaat."
- S. 70, nach „Reden wir ehrlich miteinander."
- S. 71, nach „Daß wir Ihnen im übrigen die gleiche Hochachtung und Freundschaft entgegenbringen wie zuvor, versteht sich."
- S. 71, nach „Einer von euch." oder „Sie sehen Gespenster."
- S. 72, nach „Ihr spekuliert schon mit meinem Tod!"

Anstelle des Alter-Ego-Verfahrens können die Schülerinnen und Schüler auch innere Monologe des Bürgermeisters verfassen, die beim Vorlesen der Szene in verteilten Rollen an den entsprechenden Stellen eingefügt werden.

Als letzte Station vor seinem gescheiterten Fluchtversuch wendet sich Ill an Claire selbst. Bisher hat sie die Geschehnisse wartend auf dem Balkon verfolgt. Als Ill erkennen muss, dass die Güllener Bürger ebenfalls auf seinen Tod warten und der Plan der alten Dame damit aufgeht, entschließt er sich, zu ihr zu gehen. Die Szene (S. 78–79) ist geprägt von einer „asymmetrische[n] Kommunikationssituation"[1]. Der verzweifelte Ill ist der dominanten Claire vollkommen unterlegen. Dies zeigt sich darin, dass sie auf seine Bitten nicht eingeht und stattdessen von ihren Jugenderinnerungen spricht. Sogar als Ill sie mit dem Gewehr bedroht, scheint sie das nicht zu beeindrucken, sie fährt mit ihren Erzählungen fort, woraufhin Ill das Gewehr sinken lässt. Um die ungleichen Positionen zu veranschaulichen, können die Schülerinnen und Schüler die Beziehung der beiden Protagonisten in einem Standbild darstellen. Für den Fall, dass die Schülerinnen und Schüler dieses Verfahren noch nicht kennen, kann das **Arbeitsblatt 19**, S. 68 eingesetzt werden. Folgende Aufgaben leiten die Arbeit der Gruppen an:

---

[1] Günter Waldmann: Produktiver Umgang mit dem Drama. Eine systematische Einführung in das produktive Verstehen traditioneller und moderner Dramenformen und das Schreiben in ihnen. 4. Aufl. Baltmansweiler: Schneider Verlag Hohengehren 2004, S. 168

- *Lest die Szene (S. 78–79) aufmerksam und achtet darauf, wie die Beziehung zwischen Claire Zachanassian und Alfred Ill dargestellt wird.*
- *Verteilt in eurer Gruppe die Rollen des Regisseurs und der Spieler. Überlegt, wie ihr die Beziehung der beiden Hauptfiguren in einem Standbild umsetzen könnt. Achtet dabei auf Gestik und Mimik und die Haltung der Figuren zueinander.*
- *Der Regisseur oder die Regisseurin baut nun das Standbild und verändert die Haltung der Spieler so lange, bis sie für ungefähr eine Minute „eingefroren" werden können.*

Die einzelnen Gruppen präsentieren ihre Standbilder. Die Auswertung kann mithilfe folgender Fragen erfolgen. Sie richten sich an die beobachtenden Schüler und Schülerinnen.

- *Beschreibt, was ihr seht und was das Standbild für euch ausdrückt.*
- *Was sagt das Standbild über die Beziehung zwischen Claire Zachanassian und Alfred Ill aus?*

Anschließend erläutert die darstellende Gruppe selbst, was sie in ihrem Standbild zum Ausdruck bringen wollte.

4.2 Die Jagd nach dem schwarzen Panther – Analyse eines Motivs

Das Motiv des schwarzen Panthers spielt für den zweiten Akt, der die Entwicklung des dramatischen Konflikts darstellt, eine zentrale Rolle: Die Jagd nach dem Panther, den die alte Dame mit nach Güllen gebracht hat, verläuft parallel zu der „Jagd" auf Alfred Ill. Das Schicksal des Protagonisten wird metaphorisch in der Tötung des Panthers vorweggenommen. Im Verlauf des zweiten Akts entläuft der Panther, die Bürger suchen ihn, bewaffnen sich und töten ihn schließlich. Parallel dazu distanzieren sie sich von Ill, indem sie ihm die Unterstützung verweigern, sich verschulden und damit auf seinen Tod spekulieren. Anhand des Panther-Motivs lernen die Schülerinnen und Schüler ein bedeutendes Motiv des Stückes kennen und erkennen die parallele Komposition des zweiten Akts.

Als Einstieg in die Motivanalyse kann als (stummer Impuls) das Bild eines Panthers dienen, das den Schülerinnen und Schülern auf einer Folie präsentiert wird. Die spontanen Äußerungen und Assoziationen können auf der Folie notiert werden. Wahrscheinlich stellen die Lerngruppen von selbst den Bezug zum Stück her. Falls dies nicht geschieht, kann die Lehrkraft mit einem Impuls auf diesen Zusammenhang hinweisen oder ein Zitat aus dem Drama vorlesen („Ich nannte dich: mein schwarzer Panther", Erster Akt, S. 26).

- *Betrachtet das Bild des Panthers. Was fällt euch spontan dazu ein?*
- *Welche Eigenschaften oder Verhaltensweisen assoziiert ihr mit diesem Tier?*
- *Was hat der Panther mit dem Stück zu tun? Stellt Bezüge zu konkreten Szenen her.*

An dieser Stelle können die Schülerinnen und Schüler zunächst noch unsystematisch die Bezüge zwischen dem Panther und der Dramenhandlung nennen: Claire bringt einen Panther mit, in ihrer Jugend hat sie Ill „mein schwarzer Panther" genannt, der Panther wird getötet u. Ä. Um die einzelnen Ideen und Äußerungen zu systematisieren, ordnen die Schülerinnen und Schüler verschiedene Zitate, in denen es um den Panther geht, textchronologisch (**Arbeitsblatt 20**, S. 69). Auf diese Weise sollen sie sich einen Überblick über die Verwendung des Motivs im Drama verschaffen. Zudem wird der nächste Arbeitsschritt, der Vergleich mit der „Jagd" auf Ill, angebahnt. Es fällt auf, dass der Panther hauptsächlich im zweiten Akt eine Rolle spielt. Damit rücken die Suche nach dem Tier und seine Tötung in den Mittelpunkt.

■ *Notiert den Verlauf der Pantherjagd in Stichpunkten. Dabei könnt ihr die Zitatensammlung zuhilfe nehmen. Wann findet sie statt? Wer ist daran beteiligt? Wie und wo endet sie? Wie reagieren die Bürger am Schluss?*

Das folgende Tafelbild zeigt mögliche Ergebnisse:

Die Pantherjagd

Entlaufen des Panthers (S. 66)
↓
Bewaffnung der Bürger (S. 66; 67; 73)
↓
Jagd nach dem Panther (S. 67)
↓
Tötung des Panthers vor Ills Laden (S. 76)
↓
Erleichterung der Bürger (S. 77)
↓
Beteiligung der gesamten Stadt

Im Anschluss ordnen die Schülerinnen und Schüler dem „Panther-Geschehen" das „Ill-Geschehen" zu.

■ *Untersucht, was neben der Pantherjagd noch geschieht und ordnet die Ereignisse zu.*

Das „Panther-Geschehen"

- Der Panther entläuft, der Polizist bewaffnet sich (S. 65); die Jagd nach dem Panther beginnt (S. 66).
- Der Panther befindet sich in der Kathedrale (S. 67).
- Der Panther wird in der Peter'schen Scheune gesehen (S. 73), die Bürger bewaffnen sich (S. 74).
- Tötung des Panthers vor Ills Laden (S. 76)
- Erleichterung der Bürger (S. 77)

Das „Ill-Geschehen"

- Ill fühlt sich bedroht und sucht Hilfe beim Polizisten (S. 61 ff.).
- Ill spricht mit dem Bürgermeister (S. 67 ff.).
- Ill wendet sich an den Pfarrer (S. 73 ff.).
- Pfarrer ruft Ill zur Flucht auf (S. 76).
- Ill klagt Bürger an (S. 77).

Parallele Komposition des zweiten Akts

Funktion des Panther-Motivs:

Vorwegnahme der Ermordung Ills

Nachdem der Ablauf der Pantherjagd und die Rolle der Güllener Bürger dabei geklärt worden sind, untersuchen die Schülerinnen und Schüler die Funktion des Panther-Motivs. Zunächst wird der Begriff „Motiv" eingeführt, falls er den Schülerinnen und Schülern nicht bekannt ist. Dazu kann die Definition verwendet werden, die auf einer Folie den Schülerinnen und Schülern zugänglich gemacht wird.

> Als **Motiv** (< lat. motivus = bewegend) bezeichnet man die kleinste strukturbildende und bedeutungstragende Einheit innerhalb eines Textganzen. Eine spezielle Form ist das aus der Musik übernommene Leitmotiv.[1]

■ *Welche Funktion hat das Panther-Motiv? Welche Bedeutung hat das „Panther-Geschehen" für die Beziehung der Güllener zu Ill?*

Ein alternativer Zugang zur Funktion des Motivs ist es, die Reaktion Ills auf die Tötung des Panthers zu thematisieren.

■ *Lies S. 77. Wie reagiert Ill auf die Tötung des Panthers? Beschreibe seine Reaktion.*

In diesem Zusammenhang entscheidend ist Ills Ausruf „Auf meinen Tod übt ihr dieses Lied, auf meinen Tod!" (S. 77). Mit diesen Worten reagiert Ill auf die Tötung des Tiers und den Trauerchoral, den die Bürger aus diesem Anlass anstimmen. Im Unterrichtsgespräch können zunächst die Einschätzungen der Schülerinnen und Schüler zu diesem Ausspruch Ills gesammelt werden.

■ *Das Zitat zeigt, wie Ill die Ereignisse bewertet. Teilt ihr seine Einschätzung oder seid ihr anderer Meinung? Begründet.*

An dieser Stelle können die Schülerinnen und Schüler einen Bezug zwischen Ills Worten und dem weiteren Handlungsverlauf, der mit der Tötung Ills endet, herstellen. Das Tafelbild kann um den Aspekt „Vorwegnahme der Ermordung Ills" ergänzt werden.

Notizen

---

[1] Blickfeld Deutsch. Oberstufe. Hg. v. Peter Mettenleiter und Stephan Knöbl. Paderborn: Schöningh 2003, S. 239.

Schritt für Schritt zur Dialoganalyse

Bei der Analyse eines dramatischen Textes bzw. einer Dramenszene geht es darum, die Rahmenbedingungen und näheren Umstände des Gesprächs und das Verhalten der daran beteiligten Figuren genau zu beschreiben, um zu einer begründeten Deutung zu kommen. Am Beispiel einer Szene aus dem zweiten Akt lernst du hier die einzelnen Schritte einer solchen Analyse kennen. Die folgenden Aufgaben strukturieren deine Arbeit am Text.[1]

Das Gespräch Ills mit dem Bürgermeister (Zweiter Akt, S. 67–72)

1. *Lies die Szene (Zweiter Akt, S. 67–72; mit Ausnahme der eingeschobenen Parallelhandlung) aufmerksam und markiere alle Textstellen, die dir auffällig erscheinen.*

2. *Welche der folgenden Aussagen trifft das Thema des Gesprächs zwischen Ill und dem Bürgermeister am genauesten? Kreuze an. In dem Gespräch geht es um*

   - Ills Bitte um Hilfe und Schutz, weil ihm klar geworden ist, dass die Güllener ihn für das Geld der alten Dame umbringen könnten.
   - die Gründe, warum Ill nicht Bürgermeister werden soll.
   - Ills Kritik an den Geldausgaben seiner Mitbürger.

3. *Formuliere nun mithilfe der Ergebnisse aus Aufgabe 2 eine Einleitung für eine schriftliche Textanalyse. Orientiere dich dabei an den Angaben aus dem Arbeitsblatt 11.*

4. *Im nächsten Arbeitsschritt geht es um den Inhalt und die Gliederung des Gesprächs. Formuliere für jeden Abschnitt eine treffende Überschrift.*

   - Abschnitt 1 (S. 67: „Ich habe mit Ihnen zu reden [...]" bis „Der Butler kommt")
   - Abschnitt 2 (S. 68 bis S. 70 „Schweigen")
   - Abschnitt 3 (S. 70 bis „Der Plan beweist es! Beweist es!")

5. *Untersuche nun die Ziele und Motive der Gesprächspartner.*

   1. *Welches Ziel verfolgt Ill in dem Gespräch mit dem Bürgermeister? Welches Ziel verfolgt der Bürgermeister?*

   2. *Welche Motive stehen hinter den Handlungen der beiden Gesprächspartner?*

   3. *Wie versucht Ill, sein Ziel zu erreichen? Entscheide dich jeweils für eine der Antwortalternativen und begründe deine Wahl.*

      - Ill erklärt dem Bürgermeister den Zusammenhang zwischen dem Konsum auf Pump und seinen Überlebenschancen, der seine Angst begründet.
      - Ill berichtet dem Bürgermeister, dass er sich bedroht fühlt.
      - Ill appelliert an die humanistischen Werte.

   4. *Wie versucht der Bürgermeister, seine Absicht zu erreichen? Wähle die deiner Meinung nach passendste Beschreibung:*

      - Er gibt sich unwissend, verweist Ill an die Polizei und versichert ihm, dass Güllen sich an humanistische Werte gebunden fühle. Dann wirft er Ill mangelndes Vertrauen vor und spricht ihm das moralische Recht ab, die Verhaftung Claires zu fordern.
      - Der Bürgermeister nimmt Ills Befürchtungen nicht ernst, sondern wiegelt ab.

6. *Beschreibe als Nächstes das Verhältnis der Gesprächspartner.*

7. *Wichtiger Bestandteil einer Szenenanalyse ist die Untersuchung der Sprache. Wähle die treffenden Antwortalternativen aus und belege sie am Text.*

   - Ill und der Bürgermeister reden in verkürzten, elliptischen Sätzen.
   - Auffällig an der Sprache des Bürgermeisters sind die verharmlosenden und beschwichtigenden Ausdrücke.
   - Ills Sprache wirkt teilnahmslos und resigniert.
   - Die Sprache des Bürgermeisters wirkt moralisierend.
   - Der Hinweis des Bürgermeisters auf die humanistischen Werte wirkt ironisch.
   - Die Sprache des Bürgermeisters zeigt, dass er ehrlich an Ills Problem interessiert ist.

---

[1] Das Arbeitsblatt orientiert sich an: Aufsatz 9/10. Erarbeitet von Franz Waldherr und Stefan Wiesekopsieker. Hg. v. Johannes Diekhans. Paderborn: Schöningh 2004, S. 43ff. (Reihe Grundlagen Deutsch).

8. *Wie wirkt das Gespräch auf dich?*

Eine schriftliche Textanalyse schließt mit der persönlichen Bewertung ab. Zuvor wird aber noch die Bedeutung des Gesprächs für das gesamte Drama erläutert.

9. *Die Bedeutung der Szene für die gesamte Handlung kann wie folgt eingeschätzt werden. Entscheide dich für die treffendste Antwortalternative:*

- Das Gespräch ist für die gesamte Handlung von großer Bedeutung, weil es zeigt, dass die Güllener Bürger auf das Angebot der alten Dame gedanklich eingegangen sind und nun versuchen, ihr Verhalten mit den moralischen Verfehlungen Ills zu rechtfertigen. Es deutet also auf die Ermordung Ills hin.
- Der Dialog ist für das gesamte Drama nicht so wichtig, weil er ohne Ergebnis bleibt und Ill keine Hilfe erhält.
- Die Szene ist für das Thema des Stückes bedeutend, weil sie zeigt, dass zwischen den Worten der Güllener und dem, was sie tatsächlich tun, ein Widerspruch besteht.
- Die Szene ist unbedeutend, da sie hauptsächlich davon handelt, warum Ill nicht Bürgermeister werden kann.

Eine Dialoganalyse überarbeiten

- *Lies die folgende Analyse der Szene S. 73 – 76 und markiere Textpassagen, die du für gelungen hältst, und solche, die dir verbesserungswürdig erscheinen, mit zwei verschiedenen Farben oder Symbolen.*
- *Notiere am Rand anschließend deinen Überarbeitungsvorschlag in Stichpunkten.*
- *Verfasse nun auf der Grundlage deiner Markierungen und Notizen eine überarbeitete Fassung der Dialoganalyse.*

Schülertext:

Das Drama „Der Besuch der alten Dame" ist 1955 verfasst worden und 1980 in einer Neufassung erschienen. Die zu analysierende Szene spielt im zweiten Akt. Alfred Ill, der Protagonist des Stückes, wendet sich an den Pfarrer in der Hoffnung, dass er ihm helfen wird. Die Szene ähnelt anderen Gesprächen Ills mit seinen Mitbürgern.

Der Dialog lässt sich in zwei Abschnitte gliedern. Im ersten Teil des Gesprächs trägt Ill dem Pfarrer sein Anliegen vor: Er sucht Schutz vor den Güllener Bürgern (vgl. S. 73). Es zeigt sich, dass Ill große Angst hat und sich durch das Verhalten seiner Mitbürger bedroht fühlt. Der parallele Auftritt der Güllener mit „schussbereit[en]" Gewehren auf der Suche nach dem Panther (S. 74, Regieanweisung) unterstützt Ills Empfinden, in Gefahr zu sein. Um auch den Pfarrer davon zu überzeugen, führt Ill die Einkäufe seiner Mitbürger an (vgl. S. 74, 75). Zu Beginn des Gesprächs wird deutlich, dass der Pfarrer Ills Sorgen ernst nimmt. Er redet in der Sprache eines Seelsorgers vom „ewige[n] Leben", „Gewissen" und der „Hölle" (S. 74) und spricht von Ills „Sünde" gegenüber C. Zachanassian (S. 74).

Das Läuten einer (zweiten) Glocke markiert den Wendepunkt des Gesprächs. An dieser Stelle ändert der Pfarrer seine Gesprächsstrategie. Er sagt die Wahrheit und fordert Ill zur Flucht auf („Flieh! Wir sind schwach, Christen und Heiden [...] führe uns nicht in Versuchung, indem du bleibst", S. 75/76).

Auf den Zuschauer wirkt die Szene befremdlich, weil der Pfarrer nicht von Anfang an zugibt, dass er eine neue Glocke hat.

Für das gesamte Stück ist die Szene bedeutsam, weil sie auf Ills Ermordung (dritter Akt) hindeutet. Sie zeigt, dass Ill von keinem der Güllener Hilfe erwarten kann und sein Tod unausweichlich wird.

Notizen:

Eine Dialoganalyse überarbeiten (Lösungsvorschlag)

■ *Lies die folgende Analyse der Szene S. 73 – 76 und markiere Textpassagen, die du für gelungen hältst, und solche, die dir verbesserungswürdig erscheinen, mit zwei verschiedenen Farben oder Symbolen.*

■ *Notiere am Rand anschließend deinen Überarbeitungsvorschlag in Stichpunkten.*

■ *Verfasse nun auf der Grundlage deiner Markierungen und Notizen eine überarbeitete Fassung der Dialoganalyse.*

Schüleranalyse (verbesserte Fassung)

Das Drama „Der Besuch der alten Dame" von Friedrich Dürrenmatt ist 1955 verfasst worden und 1980 in einer Neufassung erschienen.

Die zu analysierende Szene spielt im zweiten Akt. Alfred Ill, der Protagonist des Stückes, wendet sich an den Pfarrer in der Hoffnung, dass er ihm helfen wird. Anlass des Gesprächs sind die auffälligen und teuren Neuanschaffungen der Güllener, die bei Ill ein Gefühl der Bedrohung hervorrufen, da sie zeigen, dass die Güllener mit seinem Tod „rechnen". Die Szene ist einzuordnen in eine Reihe von Hilfegesuchen Ills, der sich zuvor schon vergeblich an den Polizisten und den Bürgermeister gewendet hat.

Die Szene lässt sich in zwei Abschnitte gliedern. Im ersten Teil des Gesprächs trägt Ill dem Pfarrer sein Anliegen vor: Er sucht Schutz vor den Güllener Bürgern (vgl. S. 73). Es zeigt sich, dass Ill große Angst hat und sich durch das Verhalten seiner Mitbürger bedroht fühlt. („[...] ich krepiere vor Entsetzen", S. 74; „Es geht um mein Leben", S. 74). Der parallele Auftritt der Güllener mit „schussbereit[en]" Gewehren auf der Suche nach dem Panther (S. 74, Regieanweisung) unterstützt Ills Empfinden, in Gefahr zu sein. Um auch den Pfarrer davon zu überzeugen, führt Ill die Einkäufe seiner Mitbürger an (vgl. S. 74, 75). Zu Beginn des Gesprächs wird deutlich, dass der Pfarrer Ills Sorgen nicht ernst nehmen will. Er redet in religiösen Floskeln vom „ewige[n] Leben", „Gewissen" und der „Hölle" (S. 74) und spricht von Ills „Sünde" gegenüber C. Zachanassian (S. 74).

Das Läuten einer (zweiten) Glocke markiert den Wendepunkt des Gesprächs. Die Glocke, eine Neuanschaffung, entlarvt die frommen Worte des Pfarrers als Heuchelei. Sie zeigt, dass auch er mit Ills Tod rechnet. An dieser Stelle ändert der Pfarrer seine Gesprächsstrategie. Er sagt die Wahrheit und fordert Ill zur Flucht auf („Flieh! Wir sind schwach, Christen und Heiden [...] führe uns nicht in Versuchung, indem du bleibst", S. 75/76).

Auf den Zuschauer wirkt die Szene befremdlich, weil der Pfarrer sein Amt missbraucht und Ill nicht gegen die Güllener zur Seite steht.

Für das gesamte Stück ist die Szene bedeutsam, weil sie auf Ills Ermordung (dritter Akt) hindeutet. Sie zeigt, dass Ill von keinem der Güllener Hilfe erwarten kann und sein Tod unausweichlich wird.

Ein Standbild bauen

Was ist ein Standbild?

Ein Standbild gleicht einer fotografischen Momentaufnahme. Es löst einen Handlungsverlauf in ein Einzelbild auf, in dem ein zentrales Motiv erkennbar wird. Es stellt darüber hinaus den Charakter von Personen sowie das Verhältnis zwischen ihnen im Bild dar. Es wird zunächst nicht mit Worten erklärt oder gedeutet, sondern das Bild spricht für sich.

Wie bildet man ein Standbild?

1. Lest die Szene (S. 78–79) aufmerksam und achtet darauf, wie die Beziehung zwischen Claire Zachanassian und Alfred Ill dargestellt wird.

2. Verteilt in eurer Gruppe die Rollen des Regisseurs und der Spieler. Überlegt, wie ihr die Beziehung der beiden Hauptfiguren in einem Standbild umsetzen könnt. Achtet dabei auf Gestik und Mimik und die Haltung der Figuren zueinander.

3. Der Regisseur oder die Regisseurin baut nun gemäß den Vorüberlegungen das Standbild und verändert die Haltung der Spieler so lange, bis sie für ungefähr eine Minute „eingefroren" werden können.

Wichtig:

Ruhe und Konzentration sind beim Erstellen von Standbildern wesentliche Voraussetzungen, da das Gestalten Interpretationsarbeit ist, die detailgenaue Formarbeit abverlangt. Die Darsteller sollten sich ihrer Funktion als passives „Material" stets bewusst bleiben und nicht eigenmächtig Haltungen einnehmen, verändern oder vorwegnehmen, da dies sich störend auf die Interpretation der Erbauer auswirkt.

Wie bespricht man ein Standbild?

- Im Plenum werden die Standbilder nacheinander aufgebaut. Nach jedem Bild beschreiben die nicht beteiligten Schülerinnen und Schüler, was sie sehen und was für sie das Bild ausdrückt. Dabei können sie auch das Standbild verändern und formen, um ihre Deutung zu veranschaulichen. Die Darsteller verbleiben für die Dauer der Deutung in ihren Haltungen.

- In einem zweiten Schritt erläutert die darstellende Gruppe ihr Ergebnis. So geht es Gruppe für Gruppe reihum.

Aus: Norbert Schläbitz: Georg Büchner. Woyzeck. Unterrichtsmodell. Hg. v. Johannes Diekhans. Paderborn: Schöningh 2000, S. 42 (Reihe EinFach Deutsch).

Der schwarze Panther textchronologisch – Ein Puzzle aus Textzitaten

- Der Butler: „Er liegt tot vor Ills Laden."

- Claire Zachanassian: „Ich nannte dich: mein schwarzer Panther." Ill: „Der bin ich noch."

- Der Bürgermeister: „Ein wildes schwarzes Tier."

- Die beiden: „Der Panther ist frei, der Panther ist frei! Haben ihn knurren gehört, haben ihn knurren gehört!"

- „Es fallen zwei Schüsse. Ill sinkt zu Boden, der Pfarrer kauert bei ihm."

- Gatte VIII: „Ein schwarzer Panther?"

- Der Lehrer: „Wir sind aus einer großen Gefahr errettet worden [...]."

- Claire Zachanassian: „Vom Pascha von Marrakesch. Ein Geschenk. Läuft nebenan im Salon herum. Ein großes böses Kätzchen mit funkelnden Augen."

- Claire Zachanassian: „Boby, man schießt."

- Polizist: „Ich habe keine Zeit, über Ihre Hirngespinste zu disputieren, Mann. Ich muß gehen. Der verschrobenen Milliardärin ist das Schoßhündchen fortgelaufen. Der schwarze Panther. Ich muß ihn jagen. Das ganze Städtchen muß ihn jagen."

- Der Bürgermeister: „Raubtierjagd."

- Der Pfarrer: „[...] Wundern Sie sich über die Waffe nicht. Der schwarze Panther der Frau Zachanassian schleicht herum. Eben hier im Dachgestühl, dann im Konradsweilerwald und jetzt in der Peterschen Scheune."

- Der Bürgermeister: „Der Panther der Frau Zachanassian ist los. Er klettert in der Kathedrale herum. Da muß man sich bewaffnen."

> Ordne die Textstellen in der Reihenfolge, in der sie im Stück vorkommen, mit Buchstaben. Was fällt dir an der Abfolge auf?

(Aus lizenzrechtlichen Gründen nicht in reformierter Schreibung)

Der schwarze Panther textchronologisch – Ein Puzzle aus Textzitaten (Lösung)

A Claire Zachanassian: „Ich nannte dich: mein schwarzer Panther." Ill: „Der bin ich noch." (S. 26)

B Der Bürgermeister: „Ein wildes schwarzes Tier." (S. 33)

C Gatte VIII: „Ein schwarzer Panther?" (S. 61)

D Claire Zachanassian: „Vom Pascha von Marrakesch. Ein Geschenk. Läuft nebenan im Salon herum. Ein großes böses Kätzchen mit funkelnden Augen." (S. 61)

E Polizist: „Ich habe keine Zeit, über Ihre Hirngespinste zu disputieren, Mann. Ich muß gehen. Der verschrobenen Milliardärin ist das Schoßhündchen fortgelaufen. Der schwarze Panther. Ich muß ihn jagen. Das ganze Städtchen muß ihn jagen." (S. 66)

F Der Bürgermeister: „Der Panther der Frau Zachanassian ist los. Er klettert in der Kathedrale herum. Da muß man sich bewaffnen." (S. 67)

G Der Bürgermeister: „Raubtierjagd." (S. 67)

H Die beiden: „Der Panther ist frei, der Panther ist frei! Haben ihn knurren gehört, haben ihn knurren gehört!" (S. 69–70)

I Der Pfarrer: „[...] Wundern Sie sich über die Waffe nicht. Der schwarze Panther der Frau Zachanassian schleicht herum. Eben hier im Dachgestühl, dann im Konradsweilerwald und jetzt in der Peterschen Scheune." (S. 73)

J „Es fallen zwei Schüsse. Ill sinkt zu Boden, der Pfarrer kauert bei ihm." (S. 76)

K Claire Zachanassian: „Boby, man schießt." (S. 76)

L Der Butler: „Er liegt tot vor Ills Laden." (S. 76)

M Der Lehrer: „Wir sind aus einer großen Gefahr errettet worden [...]." (S. 77)

(Aus lizenzrechtlichen Gründen nicht in reformierter Schreibung)

Baustein 5

Die Güllener Bürger als Mörder – Der dritte Akt

Dieser Baustein bildet den Abschluss der Textanalyse. Er schließt sich textchronologisch an den vorherigen an: Gegenstand der Untersuchungen ist der dritte Akt. Zunächst wird die Gemeindeversammlung analysiert. Die Erarbeitungsschwerpunkte orientieren sich an den maßgeblich daran beteiligten Personen. Dabei werden das Verhalten des Lehrers, Alfred Ills und der Bürger in den Blick genommen sowie die Rolle der Presse thematisiert (Baustein 5.1). Der Mord an Ill rückt anschließend in den Mittelpunkt. Um die Funktion der Mordszene zu erarbeiten, vergleichen die Schülerinnen und Schüler sie mit einer frühen Fassung dieser Szene (5.2). Schließlich wird die Bedeutung des Schlusschors untersucht, den Dürrenmatt an den Chor aus „Antigone" angelehnt hat. Hier werden Bezüge zum Chor in der klassischen griechischen Tragödie hergestellt (5.3).

5.1 Die Gemeindeversammlung als mediale Inszenierung

Zunächst steht die Gemeindeversammlung im Vordergrund, in der die Annahme des Geldes und damit Ills Tötung beschlossen wird (S. 119 – S. 127, Z. 3). Die Gemeinde versammelt sich im Beisein von mehreren Reportern, die für die Massenmedien über die Verhandlung berichten. Der Lehrer hält eine längere Rede, die Güllener als „Gemeinde" stimmen lediglich ein, und die eigentlichen Protagonisten Alfred Ill und Claire Zachanassian kommen kaum noch zu Wort.

Im Folgenden sollen die Rollen des Lehrers, der Reporter, der Güllener und Ills nacheinander untersucht werden, ein wichtiger Aspekt dabei ist die Frage nach der Subjektivität von Wahrheit.

Der Lehrer

Der Lehrer tritt als „Rektor des Gymnasiums" (S. 122, Z. 4) und damit als Respektsperson für die Güllener Bürger auf. Er hält die entscheidende Rede und hat – abgesehen von der Presse – den größten Redeanteil (S. 120, Z. 22 – S. 122, Z. 10). Seine Rede beeinflusst die Güllener Bürger so weit, dass sie schließlich in einer Art Massengebet die Vorgaben des Bürgermeisters nachsprechen.

Damit die Schülerinnen und Schüler die Wirkungsweise der Rede erfassen können, sollten sie sie zunächst selber halten. Sie brauchen genug Zeit, die Rede einzuüben, um sie angemessen darzustellen. Anschließend beschreiben die zuhörenden Schülerinnen und Schüler, wie die Rede auf sie gewirkt hat.

- *Versetzt euch in die Rolle des Lehrers während der Gemeindeversammlung und haltet seine Rede für eure Klassenkameradinnen und -kameraden (S. 120, Z. 22 – S. 122, Z. 10). Achtet dabei genau auf eure Körperhaltung und Stimme.*
- *Die Zuhörenden beschreiben anschließend, wie die Rede auf sie gewirkt hat.*

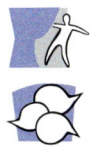

Baustein 5: Die Güllener Bürger als Mörder – Der dritte Akt

Bei der Beschreibung der Wirkungsweise werden die Schülerinnen und Schüler erläutern, dass die Rede die Zuhörer stark beeinflusst und man sich ihrer Wirkung nur schwer entziehen kann. Vielleicht kennen die Schülerinnen und Schüler den Begriff Demagogie oder Propaganda bereits oder ziehen Vergleiche zu ihnen bekannten Reden.

Im Unterrichtsgespräch gehen die Schülerinnen und Schüler möglicherweise ebenfalls darauf ein, dass der Lehrer die Tatsachen nicht ganz wahrheitsgemäß darstellt. Um dies genauer zu erfassen, bietet es sich an zu untersuchen, was der Lehrer den Güllenern als erstrebenswert anpreist und was er auf der anderen Seite verurteilt.

Auf die Frage nach der Richtigkeit seiner Aussagen stellt sich heraus, dass der Lehrer zwar vordergründig humanistische Werte darstellt, im Vergleich mit der realen Situation arbeiten die Schülerinnen und Schüler aber heraus, dass die Wahrheit hier verdreht und ideologisch den eigenen Wünschen angepasst wird.

■ *Lies die Rede des Lehrers noch einmal und unterstreiche, was der Lehrer als erstrebenswert darstellt und was er verurteilt. Beurteile den Wahrheitsgehalt seiner Aussagen und vergleiche sie mit der tatsächlichen Situation in Güllen.*

Die Ergebnisse werden in einem Tafelbild festgehalten:

Die Rede des Lehrers

Der Lehrer verurteilt:
- das Dulden von Ungerechtigkeit (vgl. S. 121, Z. 14)
- Streben nach Wohlstand, Wohlleben, Luxus (vgl. S. 121, Z. 19)
- Verletzung der Nächstenliebe, Verletzung der Schwachen, Beleidigung der Ehe, Täuschung des Gerichts (vgl. S. 121, Z. 25ff.)
- „Hunger des Leibes" (S. 122, Z. 3)
  ↓
  früheres und verbesserungswürdiges Verhalten der Güllener

Der Lehrer ruft auf zu:
- Verwirklichung von Gerechtigkeit (vgl. S. 121, Z. 20f.)
- Verwirklichung von Idealen (vgl. S. 121, Z. 22)
- „Reichtum an Gnade" (S. 121, Z. 32f.)
- „Hunger des Geistes" (S. 122, Z. 2)
  ↓
  Voraussetzung für die Annahme des Geldes

Situation in Güllen:
verurteilte Verhaltensweisen sind existent, erstrebenswerte werden nicht umgesetzt

---

Nachdem die Schülerinnen und Schüler erkannt haben, dass der Lehrer genau wie die übrigen Güllener Bürger die Wahrheit so darstellt, wie es für seinen eigenen Profit günstig ist, erinnern sie sich möglicherweise daran, dass der Lehrer im zweiten Akt als Einziger die Wahrheit verkünden wollte (vgl. S. 98, Z. 13–S. 100, Z. 4). Auch in dieser Szene beruft sich der Lehrer auf seine Rolle im Dorf, allerdings hier mit den Worten „Ich bin euer alter Lehrer" (S. 98, Z. 14).

Er hat vorher eine halbe Flasche Steinhäger getrunken und agiert demzufolge im doppelten Sinne nicht nüchtern. Er vergleicht sich selbst mit einem Erzengel und beruft sich auf den Humanismus, die alten Griechen und Plato (vgl. S. 99, Z. 21ff.). Er selber gibt sich also die Rolle des Bewahrers der humanistischen Werte, die er im dritten Akt durchaus auch noch preist, allerdings doppelgesichtig einsetzt. Die Güllener, letztlich aber Ill selbst, hindern den Lehrer am Kundtun der Wahrheit. Zuletzt sagt der Lehrer „ernüchtert": „Setzen. Die Menschlichkeit soll sich setzen" (S. 100, Z. 1f.). Hier identifiziert er sich nicht nur mit der Menschlichkeit, vermutlich ist dies genau der Punkt, an dem seine Ideale zerstört werden und er sich der allgemeinen Denkweise anpasst.

Die Schülerinnen und Schüler können diese Veränderung nachvollziehen, indem sie die Posen des Lehrers während der Rede und direkt danach nachstellen. In Partnerarbeit bilden sie zunächst ein Standbild des Lehrers während seiner Rede, hier sollte eine Rednerpose gewählt werden, in der die kurzfristig aufflackernde Kraft und Überzeugung des Redners deutlich wird.

Das zweite Standbild stellt den Lehrer sitzend dar, nachdem er an der Fortsetzung seiner Rede gehindert worden ist und nun auf dem Fass sitzt (vgl. S. 100, Z. 3). Hier wird durch die Körpersprache deutlich, dass der Lehrer aufgegeben hat. Im Anschluss werden die beiden Posen verglichen.

> *Stellt zwei Standbilder des Lehrers dar. Das erste zeigt ihn während seiner Rede, die er im Laden hält (S. 98–99), das zweite unmittelbar danach (S. 100, Z. 3). Achtet nicht nur auf eine passende Körperhaltung, sondern auch auf seinen Gesichtsausdruck. Vergleicht die beiden Posen anschließend.*

Im direkten Vergleich der beiden Szenen ist besonders interessant, dass der Lehrer sich in den beiden Reden im Laden und während der Versammlung auf die gleichen Ideale bezieht.

> *Vergleicht, worauf der Lehrer sich in den beiden Reden stützt (S. 98–99 und S. 120–122), um die Richtigkeit seiner Darstellung zu belegen.*

Vergleich der beiden Reden des Lehrers

1. Szene (S. 98, Z. 13 – S. 99) im Laden	2. Szene (S. 120, Z. 22 – S. 122, Z. 10) während der Gemeindeversammlung
Der Lehrer beruft sich auf:	Der Lehrer beruft sich auf:
• seine Autorität als Lehrer	• seine Autorität als Direktor
• Religion	• Gerechtigkeit
• Humanismus	• Idealismus
• Menschlichkeit	• Nächstenliebe

→ **die gleichen Ideale zu gegensätzlichen Zielen eingesetzt**
→ **die Wirklichkeit wird individuell angepasst**

Die Tatsache, dass die Wahrheit in der Gemeindeversammlung der Güllener zu einem Spielball der Beteiligten wird, tritt bei einer Untersuchung der Rolle der Presse noch deutlicher zutage.

Die Presse

Als Einstieg in die Frage nach der Rolle der Presse eignet sich ein Zitat aus dem Anhang der Ausgabe (Anhang, S. 140):

Baustein 5: Die Güllener Bürger als Mörder – Der dritte Akt

> Reporter   Errichten neben der wirklichen Welt eine Phantomwelt.
> Heute werden die beiden Welten oft verwechselt.

Zu diesem Zitat nehmen die Schülerinnen und Schüler zunächst Stellung.

■ *Nimm Stellung zu der Definition Dürrenmatts zum Wort „Reporter". Beziehe dich dabei auf deine eigenen Erfahrungen mit Reportern und der Presse im Allgemeinen.*

Die Schülerinnen und Schüler beziehen sich auf ihren eigenen Erfahrungshorizont, vergleichen möglicherweise die Wirkung von Lokalzeitungen mit den Darstellungen der Bild-Zeitung etc. Im Anschluss gehen die Schülerinnen und Schüler der Frage nach, wie die Ereignisse in Güllen nach dem Besuch der alten Dame in der Presse dargestellt werden. Dazu listen sie entweder die einzelnen Aussagen des Radiosprechers auf und notieren dann kontrastierend die Wahrheit oder sie erarbeiten das **Arbeitsblatt 22**, S. 85.

■ *Lies Seite 119–126 noch einmal und notiere die Aussagen des Radiosprechers. Schreibe dann ebenfalls auf, wie die vom Radiosprecher dargestellten Tatsachen sich in Wirklichkeit verhalten.*

Die Ergebnisse werden im Unterrichtsgespräch ausgewertet, anschließend wird die Ausgangsdiskussion über das Zitat aus dem Anhang noch einmal aufgegriffen. Sie kann jetzt abgewandelt werden im Hinblick auf die Frage, ob das Zitat für die Situation in Güllen passend erscheint.

■ *Ihr habt bereits über die Erklärung Dürrenmatts zum „Reporter" aus dem Anhang diskutiert. Nehmt jetzt Stellung zu der Frage, ob die Presseleute in Güllen tatsächlich eine Phantomwelt errichten, die mit der wirklichen Welt verwechselt werden kann.*

Die Schülerinnen und Schüler äußern ihre Meinung und stellen vermutlich fest, dass ein Zuhörer oder Leser gemäß dieser Darstellung der Presse gar nicht die Möglichkeit hat, zu einem anderen Verständnis der Situation zu kommen, also tatsächlich die Phantomwelt für die reale Welt hält. Zur Verteidigung der Presseleute führen sie möglicherweise an, dass sie selbst falsch informiert werden; hier ist es aber wichtig herauszustellen, dass sie zu keiner Zeit den Versuch machen, zu einer objektiven Darstellung zu kommen.
Abschließend wird daher die Frage aufgeworfen, warum Dürrenmatt diesen Umgang mit der Wahrheit darstellt.

■ *Überlegt euch Gründe, warum Friedrich Dürrenmatt den Umgang mit der Wahrheit vor allem durch die Presseleute so darstellt.*

Mögliche Antworten sind:

- Die Presse wird angeprangert, weil sie eine große Macht über die Menschen hat und mit dieser nicht immer sorgfältig umgeht.
- Dürrenmatt will verdeutlichen, dass nicht nur die Güllener Bürger sich ihre Wahrheit zurechtlegen, sondern alle Bürger des Landes sich betrügen lassen und die „falsche Wahrheit" glauben.

- Die Menschen haben manchmal keine Möglichkeit, die Phantomwelt von der echten zu unterscheiden.
- Dürrenmatt will alle Zuschauer ermahnen, dass sie Pressemeldungen nicht unkritisch glauben dürfen.

Im Anschluss ist es möglich, die Schülerinnen und Schüler einen der Zeitungsartikel selber schreiben zu lassen, die nach der Versammlung veröffentlicht werden.

■ *Versetzt euch in die Rolle eines der anwesenden Reporter und verfasst den Zeitungsartikel, den dieser am folgenden Tag veröffentlichen möchte.*

Die Bürger

Die Güllener werden während der Gemeindeversammlung als manipulierbares Kollektiv dargestellt, sehr deutlich wird dies in der Szene, in der die Stiftung angenommen wird und die Bürger als „Gemeinde" den Text des Bürgermeisters nachsprechen (S. 124, Z. 18– S. 125, Z. 13). Besonders eindrucksvoll ist auch, dass diese kurze Szene, in der die Güllener Bürger sich scheinbar spontan zu der Meinung des Bürgermeisters bekennen, wegen eines Beleuchtungsfehlers wiederholt werden muss und noch einmal identisch gesprochen wird.

Auch für diese kurze Szene sollten die Schülerinnen und Schüler die Möglichkeit erhalten, die Szene zu sprechen, dabei kann die Rolle der Gemeinde von der ganzen Lerngruppe übernommen werden. Im Anschluss erläutern alle „Gemeindemitglieder", wie sie sich in ihrer Rolle gefühlt haben, möglicherweise empfinden sie das Sprechen in der Gruppe als beschwörend oder meditativ, auch Verweise auf Gottesdienste sind möglich.

■ *Lest die Szene S. 124, Z. 18– S. 125, Z. 13 mit der ganzen Klasse. Beschreibt anschließend, wie ihr euch als Gemeindemitglieder gefühlt habt.*

In diesem Zusammenhang ist auch die Frage von Interesse, warum die Bürger hier als „Gemeinde" bezeichnet werden und nicht als „Bürger", „alle" o. Ä.

Die Schülerinnen und Schüler können im Zusammenhang mit der Darstellung ihrer eigenen Empfindungen erkennen, dass den Güllenern hier ihre individuelle Ansicht abgesprochen wird, sie agieren lediglich noch im Sinne des Kollektivs.

Von diesen Empfindungen ausgehend beantworten die Schülerinnen und Schüler die Frage, wie die Szene auf sie wirkt. Sie stellen fest, dass die Szene künstlich und unnatürlich wirkt, nicht nur durch die Sprechweise der Güllener, sondern vor allem auch durch das exakte Wiederholen des Textes nach einem Fehler in der Beleuchtung.

Die Wirkung dieser kurzen Szene wird in einem Tafelbild festgehalten:

Wirkungsweise der Szene S. 124, Z. 18–S. 125, Z. 13:

- Bürger als „Gemeinde → Bürger wirken anonym, nicht individuell, meinungslos
- Bürgermeister als „Vorbeter" → Ausnutzen von Macht und Verantwortung
- Wiederholung der Szene → Worte werden bedeutungslos, sind nur vorgespielt
- Anwesenheit der Presseleute → Gemeindeversammlung als Theaterstück

Um die Situation und die Stimmung noch greifbarer darzustellen, können die Schülerinnen und Schüler noch einmal die Rollen der Güllener Bürger einnehmen. Während der Gemeindeversammlung sind die Männer und die Frauen voneinander getrennt, die Frauen verlassen den Saal vor den Männern. Während den Frauen „im Garten des ‚Goldenen Apostels' ein Tee serviert" (S. 127, Z. 2f.) wird, bleiben die Männer noch auf der Bühne und bringen Ill letztlich um.

Interessant ist in diesem Moment nicht nur das Geschehen im Saal, das Gegenstand des Bausteins 5.2 ist, sondern auch das Befinden der Frauen während des Teetrinkens. Die Schülerinnen und Schüler versetzen sich in diese Situation und entwerfen ein Gespräch, in dem die Frauen ihre Eindrücke der Gemeindeversammlung austauschen und auch über das gegenwärtige Handeln der Männer spekulieren.

■ *Versetzt euch in die Rolle der Bürgerinnen, die nach der Gemeindeversammlung zusammen Tee trinken, während die Männer noch im Saal bleiben. Tauscht eure Gedanken über die Gemeindeversammlung aus und stellt dar, wie ihr euch gefühlt habt. Denkt auch darüber nach, was in dem Moment im Saal bei den Männern geschieht.*

Alfred Ill

Zuletzt ist die Rolle Alfred Ills in der Güllener Versammlung von Interesse. Die Schülerinnen und Schüler stellen sofort fest, dass seine Rolle auf den ersten Blick verschwindend gering ist, er spricht fast gar nicht und äußert sich nicht, als er die Möglichkeit dazu hat. Gerade Letzteres ist interessant, denn Alfred Ill lässt die ganze Versammlung schweigend über sich ergehen, obwohl er hört, dass die Tatsachen verfälscht werden.

Der Bürgermeister spricht Ill einmal direkt an, um ihn zu fragen, ob er sich seiner eigenen Bedeutung bewusst ist (vgl. S. 123), es entsteht ein längeres Schweigen, als alle die Möglichkeit haben, Ill eine Frage zu stellen (vgl. S. 123f.), und zum Schluss der Szene soll Ill seinen Aufschrei „Mein Gott!" (S. 125, Z. 14) wiederholen. An diesen drei Stellen hätte er die Möglichkeit gehabt, die Presse über den tatsächlichen Sachverhalt zu unterrichten bzw. die Güllener aufzufordern, ihr Vorhaben noch einmal zu überdenken.

Um dies zu verdeutlichen, können die Schülerinnen und Schüler eine Szene schreiben und/oder spielen, in der Alfred Ill an einer der genannten Stellen die Möglichkeit ergreift, die Presse darüber zu informieren, was die Güllener planen und wie die „Stiftung" der alten Dame tatsächlich gemeint ist.

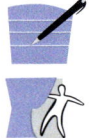

■ *Schreibt eine Szene, in der Alfred Ill in der Gemeindeversammlung das Wort ergreift und die Presse über die tatsächliche Situation unterrichtet. Tragt diese anschließend der Klasse vor.*

Nach der Präsentation der Szene entsteht die Frage, warum Alfred Ill sich nicht wie vorgespielt verhält, sondern schweigt. Die Schülerinnen und Schüler führen möglicherweise an, dass Alfred Ill schon mehrere Chancen nicht genutzt hat, die ihm vielleicht aus seiner Situation herausgeholfen hätten. Diese können von ihnen benannt werden.

■ *In der Gemeindeversammlung hätte Alfred Ill die Chance gehabt, seine Situation wahrheitsgemäß darzustellen und ihr so zu entkommen. Nenne andere Szenen, in denen er Möglichkeiten nicht genutzt hat, einen Ausweg aus seiner Situation zu finden.*

Die Schülerinnen und Schüler nennen aus ihrer Textkenntnis die bereits besprochene Szene im Laden, in der der Lehrer die Wahrheit sagen wollte (S. 98, Z. 13 – S. 100, Z. 4).

Eine wichtige Szene in diesem Zusammenhang ist auch der Fluchtversuch (S. 80–85). Ill möchte hier fliehen und geht mit schon gepackten Koffern zum Bahnhof, dort finden sich so viele Bürger ein, dass Alfred Ill sich bedroht fühlt, obwohl alle beteuern, ihn fahren lassen zu wollen.
Diese Reaktionen stoßen vermutlich auf Unverständnis, sodass die Frage zu diskutieren ist, warum Dürrenmatt Alfred Ill so handeln lässt. Eine mögliche Antwort findet sich im Anhang im Text, Anmerkung 1 (S. 143), ein von Dürrenmatt selbst verfasster Text:
„Ist Claire Zachanassian unbewegt, eine Heldin, von Anfang an, wird ihr alter Geliebter erst zum Helden. Ein verschmierter Krämer, fällt er ihr zu Beginn ahnungslos zum Opfer; schuldig ist er der Meinung, das Leben hätte von selber alle Schuld getilgt; ein gedankenloses Mannsbild, ein einfacher Mann, dem langsam etwas aufgeht. Durch Furcht, durch Entsetzen, etwas höchst Persönliches; an sich erlebt er die Gerechtigkeit, weil er seine Schuld erkennt, er wird groß durch sein Sterben (sein Tod ermangle nicht einer gewissen Monumentalität). Sein Tod ist sinnvoll und sinnlos zugleich."
Die Schülerinnen und Schüler formulieren zum besseren Textverständnis die Hauptaussage des Textes in eigenen Worten.

■ *Formuliere die Aussage des Textes kurz in deinen eigenen Worten.*

Sie stellen heraus, dass Dürrenmatt Alfred Ill als Helden darstellen wollte, der zunächst aufgrund seiner eigenen Schuld und Gedankenlosigkeit zum Opfer der alten Dame wird und infolgedessen nach einem schweren Weg aus Angst einen Tod stirbt, der ihn groß und heldenhaft erscheinen lässt. Er verändert sich im Laufe des Dramas, nimmt schließlich seine Schuld an und tut Buße, indem er seine Hinrichtung annimmt.
Um sich besser in Dürrenmatts Idee hineindenken zu können, beantworten die Schülerinnen und Schüler zunächst die Frage, was sie sich unter einem Helden vorstellen.

■ *Beschreibe, was du dir unter einem Helden vorstellst.*

Mögliche Antworten sind z. B.:

- jemand, der andere rettet
- jemand, der sehr mutig ist
- jemand, der sehr gerecht ist
- jemand, der immer weiß, was zu tun ist
- jemand, der nicht an sich selber denkt

Ausgehend von ihren eigenen Vorstellungen diskutieren die Schülerinnen und Schüler, ob sie Alfred Ill auch für einen Helden halten und Dürrenmatts Sichtweise seiner Entwicklung zustimmen können.

■ *Diskutiert in der Klasse, ob ihr Alfred Ill für einen Helden haltet und Dürrenmatts Darstellung seiner Entwicklung zustimmt.*

Alternativ dazu können sie einen Brief an Friedrich Dürrenmatt schreiben, in dem sie ihm begründet zustimmen oder widersprechen.

■ *Verfasst einen Brief an Friedrich Dürrenmatt, in dem ihr seiner in dem Textauszug dargestellten Sichtweise begründet zustimmt oder widersprecht.*

5.2 Der Mord als kollektive Tat der Güllener Bürger

In diesem Kapitel steht die Hinrichtung Alfred Ills im Mittelpunkt. Textchronologisch schließt sie sich unmittelbar an die Gemeindeversammlung (vgl. Baustein 5.1) an, die über den Tod Ills entschieden hat. Wie auch für die Versammlung der Gemeinde wählt der Autor für die Hinrichtungsszene die Theaterbühne Güllens, darüber das bekannte Zitat Schillers „Ernst ist das Leben, heiter die Kunst". Dieser Ausspruch und der Schauplatz des Geschehens lassen die Hinrichtung und die ihr vorausgehende Versammlung ironisch gebrochen erscheinen.[1] Nachdem die Presse die Versammlung verlassen hat, ermorden die Güllener Ill. Auffällig ist, dass der Mord selbst nicht geschildert wird. Ill bewegt sich durch eine Gasse von Bürgern, die sich um ihn scharen, und sinkt auf die Knie. In der Regieanweisung heißt es weiter: „Die Gasse verwandelt sich in ein Menschenknäuel, lautlos, der sich ballt, der langsam niederkauert. Stille" (S. 129). Der Zuschauer erfährt nicht, wie genau die Tat ausgeführt worden ist. Auch ein einzelner Täter wird nicht genannt. Vielmehr erscheinen die Bürger kollektiv als Täter. Darin besteht die Funktion dieser Szene: Der Mord an Ill wird als Kollektivtat der Bürger dargestellt. Um dies herauszuarbeiten, können die Schülerinnen und Schüler die Szene erspielen. Dazu bilden sie Kleingruppen, die zur Vorbereitung folgende Arbeitsaufträge erhalten:

- *Lest die Szene von der Hinrichtung Ills (S. 127–131) und überlegt, wie ihr sie szenisch darstellen könnt.*

- *Verteilt die einzelnen Rollen und notiert Ideen zu Sprechweise, Körperhaltung, Gestik und Mimik.*

- *Erprobt verschiedene Möglichkeiten, den Mord an Ill darzustellen. Entscheidet euch für eine, die ihr im Plenum vorstellen möchtet.*

In der Auswertung des szenischen Spiels wird ein besonderes Augenmerk auf die Mordszene gerichtet:

- *Vergleicht die unterschiedlichen Darstellungen. Was erfährt der Zuschauer/die Zuschauerin über den Tod Ills?*

- *Welche der Darstellungen passt eurer Meinung nach am besten zum Stück?*

Die szenischen Umsetzungen, die nicht klar erkennen lassen, wer von den Güllener Bürgern Alfred Ill tötet, entsprechen der Textvorlage am besten. Daran schließt sich die Frage an, warum der Autor sich dafür entschieden hat, den Mord an Ill auf diese Weise darzustellen. Im Unterrichtsgespräch wird herausgestellt, dass Dürrenmatt die Tat nicht als Werk eines einzelnen Bürgers zeigt, sondern als Kollektivtat aller Güllener. Nicht einer macht sich schuldig, sondern alle tun es.

- *Welche Funktion hat die Darstellung des Mordes im Stück?*

Die Funktion der Szene wird besonders im Vergleich mit einer frühen Fassung von 1955 deutlich (**Arbeitsblatt 24**, S. 87). Diese wird den Schülerinnen und Schülern in Form einer Manuskriptseite mit handschriftlichen Anmerkungen Dürrenmatts zugänglich gemacht. Da die Handschrift nicht leicht zu entziffern ist, muss sie der Lerngruppe vielleicht vorgelesen werden (Anmerkungen am Rand von oben nach unten): „habe eine Berufung um die an-

---

[1] Vgl. Mayer, Sigrid: Friedrich Dürrenmatt. Der Besuch der alten Dame. 7. Aufl. Frankfurt: Diesterweg 1998, S. 55 (Reihe Grundlagen und Gedanken Drama).

dere abgelehnt nur um den Leuten? mehr zu helfen, wer käme denn sonst in dieses Nest"; „fürs liebe Geld, für mich ist dies wirklich MIST"; „so himmeltraurig dies auch ist"; „öffnet die Bibel, murmelt was"; „im Vordergrund".

> ■ *Vergleiche die Mordszene S. 127–131 mit der Szene aus der Frühfassung des Stückes von 1955. Welche Rolle spielen die Güllener? Welche Rolle spielt der Arzt?*

Das Tafelbild fasst mögliche Ergebnisse zusammen:

Der Mord an Ill

Fassung von 1955
- Arzt tötet Ill mit einer Spritze
- Arzt distanziert sich von der Gemeindeversammlung
- Motiv des Arztes: nicht Geldgier, sondern medizinischer Fortschritt

Neufassung 1980
- die Güllener Bürger töten Ill
- kein einzelner Täter erkennbar
- Motiv der Bürger: Geldgier

→ **Der Mord an Ill wird als eine Kollektivtat der Güllener dargestellt.**

Im Anschluss an die Textarbeit stellt sich auch hier die Frage nach der Funktion:

> ■ *Warum hat Dürrenmatt die Fassung von 1955 verworfen und sich für eine Änderung entschieden?*

Nach dem Mord an Alfred Ill stellt sich die Frage nach der Schuld der Güllener. Die Schülerinnen und Schüler erhalten die Gelegenheit, das Verhalten der Güllener zu bewerten, indem sie eine Anklageschrift verfassen, in der sie für einen fiktiven Prozess zusammenstellen, worin die Schuld der Güllener Bürger besteht. Dabei sollten sie nicht nur auf den Mord eingehen, sondern auch die Entwicklung, die den Mord erst möglich macht, einbeziehen. Bedingung für die Tat ist, „dass sie [die Güllener] sich eines Unrechtsbewusstseins gründlich zu entledigen wissen. Ihre Schuld beginnt mit ‚Leichtsinn', mit einem willentlichen Nichtdarandenken, das später zu immer bedenklicheren Verdrehungen führt, [...]"[1]. Die Schritte, die zum Mord an Alfred Ill führen, das „Versagen der moralischen Urteilskraft"[2] schildert Dürrenmatt im zweiten Akt (vgl. Baustein 4). Die Rechtfertigungsstrategien der Güllener haben die Schülerinnen und Schüler beispielsweise in den Gesprächsanalysen kennengelernt (Betonung der moralischen Verwerflichkeit Ills, Leugnung des Zusammenhangs zwischen Konsum und Ills Überlebenschancen).

> ■ *Stell dir vor, es kommt wegen des Mordes an Ill doch noch zu einer Gerichtsverhandlung. Versetze dich in die Rolle des Anklagevertreters und verfasse eine Anklageschrift. Berücksichtige nicht nur die Tat, sondern zeichne auch die Entwicklung der Güllener Bürger nach, die zur Ermordung Ills führt.*

---

[1] Ulrich Profitlich: Friedrich Dürrenmatt. Komödienbegriff und Komödienstruktur. Eine Einführung. Stuttgart: Kohlhammer 1973, S. 334–335
[2] ebenda

Baustein 5: Die Güllener Bürger als Mörder – Der dritte Akt

Ausführlicher kann die Idee einer Gerichtsverhandlung aufgegriffen werden, wenn die Schülerinnen und Schüler die Verhandlung spielen und die einzelnen Rollen vorbereiten. Die Frage nach der Schuld der Prozessbeteiligten steht im Mittelpunkt. Die Schülerinnen und Schüler erhalten die Möglichkeit, abschließend die Ereignisse und Personen, die zur Ermordung Ills beigetragen haben, zu bewerten. Unverzichtbar ist es, Wissen aus den vorherigen Bausteinen einzubringen (Baustein 2 und 4). Auf der Anklagebank nehmen der Bürgermeister als Vertreter der Güllener Bürger, der Lehrer, der in der Gemeindeversammlung eine besondere Rolle spielt, und Claire Zachanassian Platz. Weitere Rollen, die zu besetzen sind: Anklagevertreter/in, Richter/in und Zuschauer/innen. Die Verhandlung kann in Gruppenarbeit vorbereitet werden: Die Vertreter der Anklage formulieren eine Anklageschrift. Die einzelnen Angeklagten verfassen ein kurzes Statement zur Anklageschrift und entwickeln eine Verteidigungsstrategie, die aus dem Text heraus nachvollziehbar sein muss. Um ihre Ergebnisse übersichtlich festzuhalten, erhalten die Schülerinnen und Schüler jeweils eine Rollenkarte „ihrer" Figur (**Arbeitsblätter 25, 26**, S. 88f.). Die Zuschauer der Verhandlung sind aufgerufen, die einzelnen Rollen zu bewerten, indem sie in einer „Schuldskala" eintragen, wie hoch sie die Schuld der jeweiligen Figur am Tod Ills einschätzen. Ihre Meinung sollen sie kurz begründen. Zusätzlich ist denkbar, dass in der Zeitung ein Bericht über die Verhandlung erscheint, der die Rolle der Presse im Rückblick auf die Gemeindeversammlung kritisch beleuchtet.

- *Stellt euch vor, es kommt zu einem Prozess wegen des Mordes an Alfred Ill. Bereitet eine Gerichtsverhandlung vor, in der Anklagevertreter und die Angeklagten (z. B. Claire Zachanassian, der Bürgermeister und der Lehrer) auftreten und sich gegen die Vorwürfe der Anklage, sie seien für den Tod Ills verantwortlich, verteidigen.*

- *Teilt euch in Gruppen ein und erarbeitet für eine der Figuren eine plausible Verteidigungsstrategie (Welche Argumente sprechen für die jeweilige Figur?) bzw. Anklageschrift und bezieht dabei eure Textkenntnisse ein. Achtet auf sorgfältige Begründungen.*

- *Bereitet die einzelnen Rollen zusammen vor und haltet eure Ergebnisse, z. B. auf den Rollenkarten, fest. Wählt dann ein Mitglied der Gruppe aus, das die Rolle in der Gerichtsverhandlung übernimmt.*

Die Auswertung der Spielszene kann nach folgenden Gesichtspunkten verlaufen:

- Überzeugen Anklageschrift und Verteidigungsstrategien die Zuschauer? Sind schlagkräftige Argumente für die jeweilige Position vorgetragen worden?
- Basieren die vorgetragenen Argumente auf der Handlung des Stückes? Passen Sie zu den Personen? Sind sie mit Blick auf die bisherigen Ergebnisse plausibel?

Schließlich bewerten die Schülerinnen und Schüler das Verhalten der einzelnen Personen selbst und begründen ihre Einschätzung kurz (**Arbeitsblatt 27**, S. 90).

5.3 Zur Bedeutung des Schlusschors

Abschließend wird nun die letzte Szene untersucht, in der noch einmal Anleihen an die griechischen Tragödie gemacht werden: Zwei Chöre sind auf der Bühne aufgebaut und kommentieren die Abreise der Milliardärin, die den toten Ill in einem Sarg mitnimmt.

Baustein 5: Die Güllener Bürger als Mörder – Der dritte Akt

Die letzte Szene hat Ähnlichkeit mit der ersten, in der die Güllener Bürger Claire Zachanassian am Bahnhof begrüßen. Ist jedoch diese Begrüßungsszene durch die verfrühte Ankunft verdorben, verläuft nun der Abschied stilvoll, geplant, mit festlicher Dekoration und feierlich gestimmten Güllenern.

Um die Entwicklung in Güllen zusammenfassend zu betrachten, können die Schülerinnen und Schüler ein letztes Mal die Bühne laut Regieanweisungen zeichnen und diese Bilder dann mit ihrem ersten (vgl. Baustein 2) und dem zweiten (vgl. Baustein 4) vergleichen. So wird die Entwicklung Güllens von einem verwahrlosten Ort über den Schauplatz einer schauerlich anmutenden Dorfversammlung zu einem reichen, sauberen Ort deutlich.

> ■ *Zeichne die Bühne gemäß den Regieanweisungen für die letzte Szene, in der die Güllener die Milliardärin verabschieden (S. 131, Z. 15 – S. 132, Z. 7). Vergleiche dein Bild mit den beiden, die du zu einem früheren Zeitpunkt schon gemalt hast, und erläutere die Entwicklung Güllens anhand der unterschiedlichen Bühnenbilder.*

Schon beim Lesen der Regieanweisungen wird den Schülerinnen und Schülern vermutlich auffallen, dass die Güllener auf der Bühne zwei Chöre bilden, „denen der griechischen Tragödie angenähert, nicht zufällig, sondern als Standortbestimmung, als gäbe ein havariertes Schiff, weit abgetrieben, die letzten Signale" (S. 132, Z. 4ff.). Nachdem die Szene bis zum Schluss des Dramas gelesen worden ist, äußern sie sich zu der Frage, welche Funktion diese sonderbare Anordnung der Bürger in ihren Augen hat.

> ■ *Lies die letzte Szene des Dramas (S. 132–134). Beschreibe, welche Funktion das Auftreten der Güllener als Chöre deiner Meinung nach hat.*

Die Schülerinnen und Schüler äußern vermutlich, dass die Chöre noch einmal das Geschehene zusammenfassen, die Handlungsweise abschließend rechtfertigen, die Moral des Stückes darstellen, durch den Vergleich mit dem havarierten Schiff Trauer und Destruktion zum Ausdruck bringen o. Ä.

Da sich in den Regieanweisungen explizit der Hinweis auf die griechische Tragödie findet, lässt sich hier die Funktion von Chören im Drama noch tiefergehend untersuchen. Um sich grundsätzlich näher mit der griechischen Tragödie zu befassen, sei auf Baustein 6 verwiesen.

Zur Klärung der Funktion von Chören in der griechischen Tragödie erhalten die Schülerinnen und Schüler den Text auf **Arbeitsblatt 28**, S. 91, in dem die Bedeutung und Geschichte des Chors im Drama kurz dargestellt sind. Um das Textverständnis zu sichern, bearbeiten die Schülerinnen und Schüler folgende Aufgabenstellung:

> ■ *Lies den Text „Zur Geschichte und Bedeutung des Chors im Drama" aufmerksam. Unterteile den Text anschließend in dir sinnvoll erscheinende Abschnitte, unterstreiche die Schlüsselwörter in jedem Abschnitt und finde im Anschluss daran treffende Überschriften. Fasse den Inhalt mithilfe der Überschriften mündlich zusammen.*

Nach dem Besprechen der Ergebnisse vergleichen die Schülerinnen und Schüler die Bedeutung des antiken Chors mit der Funktion des Chors bei Dürrenmatt. Die Ergebnisse werden in einem Tafelbild festgehalten:

Baustein 5: Die Güllener Bürger als Mörder – Der dritte Akt

> **Vergleich des Chors in der griechischen Tragödie und bei Dürrenmatt**
>
> | Gemeinsamkeiten | Unterschiede |
> |---|---|
> | • es gibt zwei Chöre | • einziger Einsatz der Chöre |
> | • Chöre bestehen aus Männern und Frauen der Stadt, in der die Handlung spielt | • Rechtfertigung der eigenen Handlungsweise |
> | • Chor rezitiert auch bei Dürrenmatt eine Art Exodus | • Chormitglieder sind in die kommentierte Schuld verstrickt, Ebene der Reflexion scheint sehr subjektiv |
> | • Kommentierung des Geschehens | • Regieanweisungen lassen den Chor lächerlich wirken |
>
> **Anlehnung an das griechische Drama sehr deutlich, Chor wirkt bei Dürrenmatt aber parodierend**

Inhaltlich ist der Chor offensichtlich an einen sehr bekannten Chorgesang aus „Antigone" von Sophokles angelehnt. Um den Vergleich des Chors bei Dürrenmatt und im griechischen Drama noch zu vertiefen, kann der erste Teil des Chors inhaltlich mit diesem Ausschnitt aus „Antigone" verglichen werden.

Die Schülerinnen und Schüler lesen den Text auf dem **Arbeitsblatt 29**, S. 92, der ihnen auch einen Einblick in die Gesamthandlung des Dramas „Antigone" bietet, und stellen im Anschluss in Partnerarbeit zusammen, worin die „Größe des Menschen" besteht.

■ *Lies den vorliegenden Ausschnitt aus dem Drama „Antigone" des Atheners Sophokles (ca. 496–406 v. Chr.) und notiere anschließend in Stichpunkten in deinem Heft, worin das im Chorgesang beschriebene „Ungeheure" besteht, und erkläre, wie der Begriff aufgefasst werden kann.*

Die Ergebnisse werden in einem Tafelbild festgehalten, das Platz lässt für einen Vergleich mit dem Chor Dürrenmatts:

> | Antigone (Sophokles): | Besuch der alten Dame (Dürrenmatt): |
> |---|---|
> | Ungeheuer ist: | Ungeheuer ist: |
> | | neben den Elementen, der Natur, dem Krieg |
> | vor allem der Mensch: | vor allem die Armut: |
> | • Bezwinger der Natur und der Elemente | • Trostlosigkeit, Hilflosigkeit, Sterben, schlechte Versorgung |
> | • Schöpfer großer Errungenschaften wie z. B. Sprache | • daraus resultierend Hassgedanken bei den Menschen |
> | • Mächtiger ist nur der Tod | |
> | ↓ | ↓ |
> | Darstellung der Macht des Menschen | Darstellung des Ausgeliefertseins des Menschen |

82

Die Schülerinnen und Schüler erarbeiten den Inhalt des Chors bei Dürrenmatt (S. 132) vergleichend unter der Fragestellung, was hier als „ungeheuer" dargestellt wird. Die Ergebnisse werden in das Tafelbild eingefügt, wie oben dargestellt.

> ■ *Lies noch einmal den Anfang der letzten Szene des Dramas „Der Besuch der alten Dame" (S. 132, Z. 8–30). Untersuche nun auch in diesem Text, was als „ungeheuer" dargestellt wird.*

Interessant ist hier die Frage, wie das Wort „ungeheuer" konnotiert ist. Die Schülerinnen und Schüler können ihre eigene Vorstellung des Wortes beschreiben und im Anschluss daran diskutieren, wie Sophokles und Dürrenmatt das Adjektiv verstehen:

> ■ *Beschreibt zunächst, was ihr selbst unter dem Begriff „ungeheuer" versteht, und stellt anschließend dar, wie Sophokles und Dürrenmatt diesen Begriff verstehen.*

Ergebnisse werden vermutlich sein, dass die Schülerinnen und Schüler unter „ungeheuer" etwas nicht Verständliches, Aufregendes oder Angstauslösendes verstehen. Dürrenmatt gebraucht das Adjektiv offensichtlich ähnlich, bei Sophokles ist es schwieriger zu erfassen, ob „ungeheuer" hier positiv oder negativ gemeint ist, da der Mensch einerseits als aktiv und erfolgreich, andererseits als anmaßend und gefährlich verstanden werden kann.

Zusammenfassend wird aus dem Vergleich der beiden Chöre noch einmal deutlich, dass Dürrenmatt das griechische Drama nicht nachahmt, sondern parodistisch verändert und entstellt. Eine vertiefende Weiterarbeit zu Dürrenmatts Dramentheorie ist mithilfe des Bausteins 6 möglich.
Die Tatsache, dass Dürrenmatt im abschließenden Chor die Armut als das Ungeheuerste und damit auch als wichtiges Thema des Dramas klassifiziert, deutet auf einen möglichen Interpretationsansatz hin: Dürrenmatt kritisiert das übermächtige Bestreben der Menschen nach materiellen Gütern. Dies ist möglicherweise aus dem historischen Zusammenhang heraus zu verstehen, da das Stück zur Zeit des wirtschaftlichen Aufschwungs in Europa entstanden ist. Ein solcher Aufschwung wird auch im Städtchen Güllen angestrebt und für einen hohen Preis erreicht. Eine theoretische Aufarbeitung dieses Themas mit den Schülerinnen und Schülern mag zu weit führen, in diesem Zusammenhang aber interessant ist die Frage, ob das Geld die Güllener nun wirklich glücklich machen wird.
Darum bitten die Güllener Bürger nach der Abfahrt der alten Dame, die Ill im Sarg mitnimmt, in einem gebetsähnlichen Text:

„Bewahre die heiligen Güter uns, bewahre
den Frieden
Bewahre die Freiheit.
Nacht bleibe fern
Verdunkle nimmermehr unsere Stadt
Die neuerstandene prächtige
Damit wir das Glück glücklich genießen."
(S. 134, Z. 22ff.)

Hieran kann sich die Frage anschließen, ob es den Güllenern gelingen wird, ihr „Glück glücklich" zu genießen und in Frieden und Freiheit zu leben und welche Bedeutung der neu gewonnene Wohlstand für ihre Zufriedenheit tatsächlich haben wird. Dazu können die Schüler sich die Weiterentwicklung Güllens ausmalen, indem sie z. B. am 5. oder 10. Jahrestag den Ort beschreiben. Möglich ist eine szenische Darstellung:

Baustein 5: Die Güllener Bürger als Mörder – Der dritte Akt

■ *Die Güllener Bürger haben anlässlich des 5. Jahrestages der Geldübergabe die Milliardärin eingeladen, Güllen zu besuchen. Verfasse eine Szene, in der die Bürger Claire Zachanassian am Bahnhof begrüßen und sie dann durch den Ort führen.*
Fakultativ:

■ *Zeichne auch dazu ein Bühnenbild, auf dem du den Ort nach deinen Vorstellungen darstellst.*

Eine andere Möglichkeit, die Ereignisse noch einmal zusammenfassend darzustellen und die Entwicklung Güllens auszugestalten, ist ein Zeitungsartikel, der am 5. Jahrestag der Geldübergabe erscheint. In diesem werden die Ereignisse um Ills Tötung und die Entwicklung der Güllener Bürger in ihrem neu gewonnenen Wohlstand kommentiert; er könnte von einem der in der Bürgerversammlung anwesenden Reporter geschrieben worden sein:

■ *Zum 5. Jahrestag der Geldübergabe erscheint in der Güllener Lokalzeitung ein Artikel, der die Bürger an Claire Zachanassian und Alfred Ill erinnert. Die Ereignisse während des Besuchs der alten Dame und die weitere Entwicklung des Ortes Güllen werden darin kommentiert. Verfasse den Artikel.*

Notizen

Die Rolle der Presse während der Gemeindeversammlung

AB 22

■ *In der folgenden Tabelle findest du die einzelnen Aussagen des Radiosprechers aufgelistet. Notiere in der rechten Spalte den tatsächlichen Sachverhalt.*

Darstellung der Presse	Wirklichkeit
• „ebenso sympathische[s] wie gemütliche[s] Heimatstädtchen" (S. 119, Z. 13ff.)	
• „feierliche Stimmung, die Spannung außerordentlich" (S. 119, Z. 24ff.)	
• „Stiftung, die mit einem Schlag die Einwohner des Städtchens zu wohlhabenden Leuten macht und damit eines der größten sozialen Experimente unserer Epoche darstellt." (S. 120, Z. 13ff.)	
• „Die Rede des Rektors bewies eine sittliche Größe, wie wir sie heute – leider – nicht mehr allzuoft finden." (S. 122, Z. 14f.)	
• „Alfred Ill ist ein rüstiger Mann von etwa siebzig Jahren, ein senkrechter Güllener [...], natürlicherweise ergriffen, voll Dankbarkeit, voll stiller Genugtuung." (S. 123, Z. 1ff.)	
• „[...] wie eine gewaltige Verschwörung für eine bessere, gerechtere Welt. Nur der alte Mann sitzt regungslos, vor Freude überwältigt." (S. 124, Z. 14ff.)	

BS 5

Die Rolle der Presse während der Gemeindeversammlung (Lösungsvorschlag)

■ In der folgenden Tabelle findest du die einzelnen Aussagen des Radiosprechers aufgelistet. Notiere in der rechten Spalte den tatsächlichen Sachverhalt.

Darstellung der Presse	Wirklichkeit
• „ebenso sympathische[s] wie gemütliche[s] Heimatstädtchen" (S. 119, Z. 13ff.)	• Güllen ist verarmt und verwahrlost.
• „feierliche Stimmung, die Spannung außerordentlich" (S. 119, Z. 24ff.)	• erhöhte Anspannung, existenzielle Entscheidung der Güllener, Mord ist geplant
• „Stiftung, die mit einem Schlag die Einwohner des Städtchens zu wohlhabenden Leuten macht und damit eines der größten sozialen Experimente unserer Epoche darstellt." (S. 120, Z. 13ff.)	• Claire Zachanassian erkauft sich Gerechtigkeit (= Rache), sie stiftet die Güllener zum Mord an.
• „Die Rede des Rektors bewies eine sittliche Größe, wie wir sie heute – leider – nicht mehr allzuoft finden." (S. 122, Z. 14f.)	• Der Lehrer verdreht die Wirklichkeit unter Berufung auf humanistische Werte.
• „Alfred Ill ist ein rüstiger Mann von etwa siebzig Jahren, ein senkrechter Güllener [...], natürlicherweise ergriffen, voll Dankbarkeit, voll stiller Genugtuung." (S. 123, Z. 1ff.)	• Alfred Ill hat aufgegeben und sich mit seinem nahenden Tod abgefunden.
• „[...] wie eine gewaltige Verschwörung für eine bessere, gerechtere Welt. Nur der alte Mann sitzt regungslos, vor Freude überwältigt." (S.124, Z. 14ff.)	• Es handelt sich um eine Verschwörung zum Mord, Alfred Ill hat Todesangst.

Die Mordszene in der Frühfassung von 1955

■ *Vergleiche die Mordszene S. 127–131 mit der Szene aus der Frühfassung des Stückes von 1955 mit den handschriftlichen Anmerkungen des Autors selbst. Welche Rolle spielen die Güllener? Welche Rolle spielt der Arzt?*

JLL: An Sie habe ich zu letzt gedacht, Doktor Nüsslin.

    Der Arzt zieht eine Spritze hervor

DER ARZT LEISE: Lieber Jll, einer muss es schliesslich tun. Jch war nicht bei dieser Gemeindeversammlung, kann mir denken was da gesprochen wurde: Von ~~lauter~~ Jdealen, von der Gerechtigkeit und so. Lauter Unsinn. Jch hielte es meine Pflicht sie abzuspritzen und wenn sie der erechteste im Lande wären Krankenhäuser müssen nun einmal her in Güllen, die Volksgesundheit ist auf dem Hund, ich habe geschuftet und geschuftet und wenn ich nun einschreite, tue ich es als einziger nicht für mich, sondern für was reelles, für die Hygiene, für den Kampf gegen die Krankheit: Dazu brauchen wir nun eben einmal die Milliarde der verrückten alten Schachtel. Polizist führen Sie den Mann nach Hinten. Er soll sich auf die Bank legen.

[Randnotiz:] habe eine Berufung um die andere abgelehnt nur um den Leutchen hier zu helfen, wer käme denn sonst in dieses Nest

[Randnotiz:] fürs liebe Geld, für mich ist dies wirklich Mist

    Jll erhebt sich.

JLL: Kommen Sie, Polizeiwachtmeister, stützen Sie mich

    Der Polizist führt Jll nach hinten der Pfarrer geht mit. Der Arzt füllt eine Spritze. Der Pressemann I kommt wieder.

[Randnotiz:] so himmeltraurig dies auch ist

PRESSEMANN I: Ist denn ~~es~~ schlimm, Doktor?

    Der Arzt füllt die Spritze vorsichtig.

DER ARZT: Da ist kaum was ~~nicht~~ mehr zu wollen.

PRESSEMANN I: ~~Jetzt gerade wo er erreicht hatte~~ Der Krämer hat erreicht was er wollte, ~~wo~~ die Gemeinde bekommt die Milliarde ~~bekommt~~. Die Freude wird ~~ihn wohl getroffen~~ beschädigt haben.

[Randnotiz:] öffnet die Bibel, murmelt etwas im Vordergrund

DER ARZT: Was wollen Sie. Versuchen wir ~~denn~~ noch unsere ärztliche Kunst. Nun, das langt mir der Spritze

    Er geht nach hinten.
    Pressemann II kommt
PRESSEMANN II: Stehts schlimm.

PRESSEMANN I: ~~Wohl hoffnungslos.~~ bedenklich

Rollenkarten 1

Rollenkarte: Der Bürgermeister

Statement zur Anklage:
_____
_____
_____

Argumente für die Verteidigung:

1. _____
2. _____
3. _____
4. _____

Notizen:

Rollenkarte: Der Lehrer

Statement zur Anklage:
_____
_____
_____

Argumente für die Verteidigung:

1. _____
2. _____
3. _____
4. _____

Notizen:

Rollenkarten 2

Rollenkarte: Claire Zachanassian

Statement zur Anklage:

_____
_____
_____

Argumente für die Verteidigung:

1. _____
2. _____
3. _____
4. _____

Notizen:

Rollenkarte: Anklagevertretung

Kurzfassung der Anklageschrift:

_____
_____
_____

Argumente für die Anklage:

1. _____
2. _____
3. _____
4. _____

Notizen:

Die Frage nach der Schuld

Nachdem du nun das Drama ganz gelesen hast und auch die einzelnen Figuren kennengelernt hast, kannst du dich begründet zur Frage nach der Schuld äußern.

- *Wie hoch schätzt du die Schuld der einzelnen Figuren am Tod Ills ein? Kreuze an und begründe deine Meinung kurz.*
- *Falls du dich zur Schuld einer anderen, hier nicht aufgeführten Person äußern möchtest, verwende die Skala unten und trage den Namen ein.*

Bürgermeister   niedrig   1   2   3   4   5   hoch

Meine Begründung: _____

_____

_____

_____

Lehrer   niedrig   1   2   3   4   5   hoch

Meine Begründung: _____

_____

_____

_____

C. Zachanassian   niedrig   1   2   3   4   5   hoch

Meine Begründung: _____

_____

_____

_____

niedrig   1   2   3   4   5   hoch

Meine Begründung: _____

_____

_____

_____

Zur Geschichte und Bedeutung des Chors im Drama

Das griechische Wort Chorós bedeutete ursprünglich Tanzplatz, später war damit der Tanzgesang selbst bezeichnet. Der Chortanz war anfangs Gottesdienst, ein Reigen oder Schreiten in langsamen, feierlichen Rhythmen zu Ehren der Gottheit. Die Chortexte wurden meist aus der Sage entlehnt und zu den Kitharaklängen eines Sängers vorgetragen.

Die Tragödie des klassischen Griechenland hat sich aus dem Chortanz entwickelt. Der anfangs einheitliche Chor wurde später in zwei Teile gegliedert, die rezitierend gegeneinander agierten. Der attische Tragödiendichter Thespis (um 534 v. Chr.) stellte ihnen einen Schauspieler gegenüber, der den Prolog sprach und auf Fragen des Chorführers antwortete. Aischylos erhöhte die Zahl der Schauspieler auf zwei, Sophokles auf drei. (Einer der drei Schauspieler musste oft die Rollen mehrerer Personen übernehmen.) Die Choreuten (= Chortänzer) traten meist unter der Maske der Männer und Frauen der Stadt auf, in der die Handlung des Dramas spielte.

Zu Beginn des Stückes zog der Chor die Párodos rezitierend in die Orchéstra (= halbrunder Tanzplatz vor der Bühne) ein, wo er dann in Halbchöre gegliedert die Stásima (= Standlieder) vortrug. Der Chor verließ am Ende der Tragödie den Schauplatz mit der Rezitation der Éxodos (= Auszugslied).

In die Handlung griff er nie direkt ein, er verfolgte sie jedoch mit Anteilnahme, äußerte Ansichten, Hoffnungen und Befürchtungen und war z. T. Sprachrohr des Dichters. Wurde im Dialog der Schauspieler die Handlung in ihrer Entwicklung vorangetrieben, so operierten die Chöre als die „Vielwissenden" von einer den Horizont des augenblicklichen Spielstandes überragenden Ebene der Reflexion aus kommentierend und zugleich retardierend.

Der Chor der griechischen Komödie umfasste 24 Choreuten und spielte ungefähr dieselbe Rolle wie in der Tragödie. Charakteristisch für die ältere Komödie war die Parabáse (= das Danebentreten) des Chors nach der 1. Episode. Er wandte sich in diesem Teil mit abgelegten Masken direkt an das Publikum und erklärte im Namen des Dichters die Intention des Stückes.

In der Fortentwicklung der Tragödie trat schon am Ende des Altertums der Chor immer mehr in den Hintergrund der Bühnenhandlung. In den europäischen Tragödien des 16. und 17. Jahrhunderts gibt es verschiedentlich Chorpartien, die unter der Berufung auf das antike Vorbild jedoch eine nur entfernte Ähnlichkeit mit diesem haben.

Aus: Karl Schmidt: Friedrich Dürrenmatt: Der Besuch der alten Dame. Erläuterungen und Dokumente. Stuttgart: Reclam, durchgesehene Auflage 1999, S. 67–68

■ Lies den Text „Zur Geschichte und Bedeutung des Chors im Drama" aufmerksam durch. Unterteile den Text anschließend in dir sinnvoll erscheinende Sinnabschnitte, unterstreiche die Schlüsselwörter in jedem Abschnitt und finde im Anschluss daran passende Überschriften.

Auszug aus Sophokles' „Antigone"

Der Athener Sophokles (ca. 496 – 406) schrieb ungefähr 442 v. Chr. das Drama „Antigone".

Das Drama um Antigone spielt sich vor dem Hintergrund der mythologischen Geschichte um König Ödipus ab, der – als Säugling von seiner eigenen Familie ausgesetzt und bei neuen Eltern aufgewachsen – als Erwachsener unwissentlich im Streit seinen leiblichen Vater erschlägt und seine leibliche Mutter heiratet.

Die beiden bekommen vier Kinder: die beiden Söhne Eteokles und Polyneikes und die Töchter Ismene und Antigone. Nach dem Tod des König Ödipus entbrennt zwischen Eteokles und Polyneikes ein Streit um die Frage, wer der Nachfolger als König von Theben ist.

Es kommt zu einem Krieg, in dem Polyneikes seinen Bruder Eteokles und die Stadt Theben angreift. Beide sterben in dieser Schlacht, König wird Ödipus' Schwager Kreon.

<u>Hier beginnt die Handlung des Dramas „Antigone":</u>
Kreon hat ein Bestattungsverbot gegen die Feinde Thebens erlassen, deshalb kann auch Polyneikes nicht beerdigt werden. Da dies einen schweren Verstoß gegen die Gesetze der Götter darstellt, beschließt Antigone, Kreons Verbot zu missachten und ihren Bruder zu bestatten.

Als Kreon das erfährt, will er sie mit dem Tode bestrafen und lässt sie in einer Höhle einmauern. Nach Prophezeiungen von schweren Schicksalsschlägen besinnt Kreon sich und eilt zur Höhle, um Antigone zu befreien, diese hat sich aber bereits erhängt.

Kreons Sohn Haimon, der Antigones Verlobter ist, tötet sich beim Anblick seiner toten Braut ebenfalls selbst. Als Eurydike, Kreons Frau und Haimons Mutter, dies erfährt, bringt auch sie sich aus Kummer um.

CHOR: Ungeheuer ist viel, doch nichts
Ungeheuerer als der Mensch.
Durch die grauliche Meeresflut,
Bei dem tobenden Sturm von Süd,
Umtost von brechenden Wogen,
So fährt er seinen Weg.
Der Götter Ursprung, Mutter Erde,
Schwindet, ermüdet nicht. Er mit den pflügenden,
Schollen aufwerfenden Rossen die Jahre durch
Müht sie ab, das Feld bestellend.

Sorgloser Vögel Schwarm umstellt
Er mit garngesponnenem Netz.
Und das Wild in all seiner Art,
Wie des salzigen Meeres Brut,
Er fängt's, der List'ge, sich ein,
Der überkluge Mann.
Beherrscht durch Scharfsinn auch der Wildnis
Schweifendes Tier und er zähmt auch die mähnigen
Rosse mit nackenumschließendem Jochholz,
Auch den unbezwungnen Bergstier.
Das Wort wie den windschnellen Sinn,
Das Thing[1], das die Staaten gesetzt,
Solches bracht er alles sich bei und lernt auch,
Dem Frost da drauß zu entgehn,
Sowie des Sturms Regenpfeil.
Rat für alles weiß er sich, und ratlos trifft
Ihn nichts, was kommt. Nur vorm Tod
Fand er keine Flucht. Doch sonst
Gen heillos Leiden hat er sich
Heil ersonnen.

Zit. nach: Margret Behringer: Antigone in Vergangenheit und Gegenwart. Textausgabe. Hg. v. Johannes Diekhans. Paderborn: Schöningh 2006, S. 22f. (Reihe EinFach Deutsch)

---

[1] In germanischer Zeit Volksversammlung; gemeint ist die Kraft, die den Menschen zur Bildung von Staaten treibt.

■ *Notiere in Stichpunkten, worin das im Chorgesang beschriebene „Ungeheure" besteht, und erkläre, wie der Begriff aufgefasst werden kann.*

Baustein 6

Hintergründe: Der Autor, Gerechtigkeit als Thema seiner Werke, die Dramentheorie und Rezensionen

In diesem Baustein lernen die Schülerinnen und Schüler den Schriftsteller Dürrenmatt kennen, indem sie sich mit seiner Arbeitsweise und seiner Biografie befassen. Zusätzlich setzen sie sich anhand von Auszügen aus seinem Aufsatz „Theaterprobleme" aus dem Jahr 1956 mit der Dramentheorie des Autors auseinander. Verschiedene Rezensionen zur Uraufführung des Stückes runden die Textanalyse ab. Schließlich steht das Thema Gerechtigkeit im Mittelpunkt. Das Drama „Der Besuch der alten Dame" wird hinsichtlich des Gerechtigkeitsverständnisses der Protagonistin mit dem Kriminalroman „Der Richter und sein Henker" und der Hauptfigur Kommissär Bärlach verglichen. Grundlage für den Vergleich bildet eine Szene aus dem Roman.

6.1 Der Autor Friedrich Dürrenmatt und seine Arbeit als Schriftsteller

Inhaltliche Schwerpunkte dieses Abschnitts sind die Biografie und das Werk Dürrenmatts. Die Schülerinnen und Schüler sollen sich grundlegende Informationen über den Autor und seine Arbeit erschließen, indem sie sich mit seiner Biografie beschäftigen und ggf. einzelne Werke, z. B. im Rahmen einer Buchvorstellung, kennenlernen. Methodische Schwerpunkte liegen in der Recherche (z. B. im Internet) und Präsentation von Informationen (Kurzvortrag mit Thesenblatt).

Im Folgenden werden unterschiedlich zeitaufwändige Möglichkeiten angeboten, dieses Thema zu erarbeiten. Als Einstieg kann ein Interview-Auszug (**Arbeitsblatt 30**, S. 105f.) dienen. Horst Bienek führte im Rahmen seiner Werkstattgespräche mit Schriftstellern ein Interview mit Friedrich Dürrenmatt über seine Arbeit als Schriftsteller und die Entstehung des Dramas „Der Besuch der alten Dame".

Zunächst äußern sich die Schülerinnen und Schüler dazu, wie sie sich die Arbeit eines Schriftstellers vorstellen. Die Schülerantworten können im Unterrichtsgespräch gesammelt werden.

■ *Wie stellst du dir die Arbeit eines Schriftstellers vor?*

Im Anschluss daran soll das Augenmerk konkret auf das Drama und Dürrenmatts Arbeit daran gerichtet werden.

■ *Welche Fragen zu seiner Arbeit würdest du Dürrenmatt stellen, wenn du die Gelegenheit dazu hättest?*

Da die Schülerinnen und Schüler ihre Fragen später mit den Informationen aus dem Interview-Auszug vergleichen sollen, ist es sinnvoll, sie schriftlich, an der Tafel oder auf einer Folie, festzuhalten.

■ *Lies den Interview-Auszug. Welche deiner Fragen werden dort vom Autor beantwortet? Wie beantwortet er sie?*

Hier vergleichen die Schülerinnen und Schüler ihre eigenen Fragen mit denen des Gesprächspartners, stellen Unterschiede oder Gemeinsamkeiten fest und notieren die entsprechenden Antworten. Im nächsten Arbeitsschritt stellen sie alle weiteren Informationen zusammen, die sie über die Arbeit Dürrenmatts erhalten.

■ *Was erfährst du noch über die Arbeit des Schriftstellers Dürrenmatt?*

Die gesammelten Informationen können im Tafelbild festgehalten werden:

Die Arbeit des Schriftstellers F. Dürrenmatt

- Arbeitsdauer für ein Stück ca. ein Jahr (Z. 83)
- geregelte „Bürozeiten" zum Schreiben (Z. 86ff.)
- Schriftstellerei ist Handwerk, keine Frage der „Stimmung" (Z. 91ff.)

→ **Schriftstellerei als Beruf (Z. 100ff.)**

Zusätzlich kann folgender Arbeitsauftrag gestellt werden:

■ *Wie hat sich der Einfall zum Drama „Der Besuch der alten Dame" entwickelt?*

Das Tafelbild zeigt mögliche Ergebnisse:

Der Einfall zum Drama „Der Besuch der alten Dame"

- Grundeinfall: Novelle „Mondfinsternis" (Bergdorf, Auswanderer, Rache) (Z. 19ff.)
- Weiterentwicklung: Bergdorf Güllen, Auswanderer = Multimilliardärin C. Zachanassian (Z. 24ff.)
- Dramaturgische Probleme bedingen Weiterentwicklung der Handlung/Geschichte (Z. 29ff.):
  – Wie bringt man eine Kleinstadt auf die Bühne?
  – Wie stellt man die Armut dar?
  – Wie kommt eine Milliardärin an?
  – Warum reist sie mit dem Zug?

→ **„aus Theaternotwendigkeiten [entstehen] Elemente des Spiels, die nur scheinbar bloße Einfälle sind" (Z. 65ff.)**

Abschließend bewerten die Schülerinnen und Schüler die Informationen aus dem Interview:

■ *Welche Informationen überraschen dich? Begründe.*

Baustein 6: Hintergründe: Der Autor, Gerechtigkeit als Thema seiner Werke, die Dramentheorie und Rezensionen

Unerwartet für die Schülerinnen und Schüler könnten z. B. Dürrenmatts Selbstverständnis als Schriftsteller und seine geregelte Arbeitsweise sein. Ebenso die Tatsache, dass sich Ideen für die Handlung des Stückes aus den Notwendigkeiten der Theaterbühne ergeben und diese so die Entwicklung der Geschichte beeinflussen.

Mithilfe des Interview-Auszugs haben die Schülerinnen und Schüler einen ersten Einblick in die Arbeit des Schriftstellers gewonnen. Vertiefend kann als Nächstes die Biografie Dürrenmatts erarbeitet werden. Dafür werden verschieden zeitaufwändige Vorschläge angeboten:

Einen Überblick über wichtige Stationen im Leben des Autors bietet **Zusatzmaterial 3**, S. 118. Es kann den Schülerinnen und Schülern als Hintergrundinformation zur Verfügung gestellt werden.

Mehr Eigentätigkeit der Schülerinnen und Schüler bietet ein Steckbrief. Entweder wird das Raster mit Kategorien für den Steckbrief vorgegeben oder zusammen mit den Schülerinnen und Schülern entwickelt; es kann folgende Punkte umfassen (je nach dem Interesse der Schülerinnen und Schüler kann es um weitere Kategorien oder Fragen ergänzt werden):

- Geburts- und Todestag, Geburtsort, Familienverhältnisse, wichtige Lebensstationen, wichtige Werke, Auszeichnungen/Preise ...

Zeitaufwändiger als die beiden ersten Möglichkeiten sind Kurzreferate zum Leben und Werk des Schriftstellers. Darüber hinaus können einzelne Werke vorgestellt werden. Es bieten sich beispielsweise solche an, die thematische Bezüge zum Drama „Der Besuch der alten Dame" aufweisen. Das Thema „Gerechtigkeit" (vgl. Baustein 6.2) spielt beispielsweise in Dürrenmatts Kriminalromanen wie „Der Richter und sein Henker" von 1952 eine besondere Rolle. Um die Recherche und die Kurzreferate vorzubereiten, kann es notwendig sein, die methodischen Grundlagen dafür ins Gedächtnis zu rufen. Dies kann mithilfe des **Arbeitsblatts 31**, S. 107 geschehen oder gemeinsam mit den Schülerinnen und Schülern. Sie tauschen sich in Kleingruppen über folgende Frage aus:

> ■ *Wie hält man einen gelungenen Kurzvortrag? Formuliere ca. fünf hilfreiche Tipps.*

Ihre Ratschläge, die in der Du-Form formuliert sein sollten, können die Schülerinnen und Schüler auf einer Folie zusammenstellen und ihren Mitschülern vorstellen. Aspekte, die vermutlich genannt werden, sind:

- deutliches Sprechen
- klare Gliederung in Einleitung, Hauptteil und Schluss
- sorgfältige Recherche: Informationen sammeln und ordnen
- anschauliches Material (z. B. Bilder, Fotos, Gegenstände)
- einen Stichwortzettel anfertigen
- den Vortrag üben
- Tafel, Folie oder Plakat einsetzen
- ...

Um die von den Schülerinnen und Schülern formulierten Tipps zu systematisieren, kann man sie zwei Bereichen zuordnen: die Vorbereitung des Referats und die Präsentation oder Durchführung des Kurzvortrags.

Bei der Recherche können folgende Literaturangaben hilfreich sein:

- Friedrich Dürrenmatt. Mit Selbstzeugnissen und Bilddokumenten. Dargestellt von Heinrich Goertz. 8. Aufl. Reinbek bei Hamburg: Rowohlt 1998 (Reihe Rowohlts Monografien)

- http://www.ub.fu-berlin.de/internetquellen/fachinformation/germanistik/autoren/ (Internetseiten der FU Berlin mit einer ausführlichen und kommentierten Linkliste zum Leben und Werk Dürrenmatts, 2006)
- Knapp, Gerhard: Friedrich Dürrenmatt. 2., überarbeitete u. erweiterte Aufl. Stuttgart: Metzler 1993 (Reihe Sammlung Metzler. Realien zur Literatur)
- Schmidt, Karl: Friedrich Dürrenmatt. Der Besuch der alten Dame. Durchges. Aufl. Stuttgart: Reclam 1999 (Reihe Erläuterungen und Dokumente)

6.2 Die Frage nach der Gerechtigkeit

Ein Hauptthema des Dramas „Der Besuch der alten Dame" ist die Gerechtigkeit. Im Verlauf des Stückes wird dieses immer wieder in unterschiedlichen Zusammenhängen angesprochen.

Betrachtet man das Gesamtwerk Dürrenmatts, wird deutlich, dass die Frage nach der Gerechtigkeit ihm ein grundsätzliches Anliegen ist; so wird z. B. 1983 der „Monstervortrag über Gerechtigkeit und Recht" veröffentlicht, anlehnend an einen in Mainz vor Studenten gehaltenen Vortrag. Auch in seinen literarischen Werken spielt die Frage nach der Gerechtigkeit eine besondere Rolle. Nicht nur in den Kriminalromanen wie „Das Versprechen", „Der Verdacht" und „Der Richter und sein Henker", sondern auch in dramatischen Werken (z. B. „Die Ehe des Herrn Mississippi").

Bevor die Schülerinnen und Schüler dem Gerechtigkeitsbegriff in diesem Drama und grundsätzlich in Dürrenmatts Werk nachgehen, sollten sie sich zunächst ihre eigene Vorstellung von Gerechtigkeit bewusst machen, indem sie den Satz „Gerechtigkeit bedeutet für mich ..." fortsetzen.

■ *„Gerechtigkeit bedeutet für mich ..." Setze diesen Satz nach deinem eigenen Verständnis fort.*

Die Ergebnisse werden an der Tafel in einem Ideennetz festgehalten, mögliche Antworten der Schülerinnen und Schüler können z. B. sein:

- Gerechtigkeit bedeutet für mich, dass falsche Taten bestraft werden und gute belohnt.
- Gerechtigkeit bedeutet für mich, dass jeder gleich behandelt wird.
- Gerechtigkeit bedeutet für mich, dass man sich an die bestehenden Gesetze hält.
- Gerechtigkeit bedeutet für mich, dass man Schwächeren hilft.
- ...

Alternativ ist es auch möglich, Sätze mithilfe einer Folie zu projizieren und die Schülerinnen und Schüler um Stellungnahme zu bitten.

■ *Lies die Sätze auf der Folie aufmerksam und äußere begründete Zustimmung oder Ablehnung.*

Im Anschluss daran können die Schülerinnen und Schüler verschiedene Zitate aus dem Drama heraussuchen oder alternativ dazu mit **Arbeitsblatt 32**, S. 108 arbeiten, auf dem alle Erwähnungen des Begriffs Gerechtigkeit im Werk festgehalten sind. Diese sollten sie zunächst kurz in den Zusammenhang einordnen, im Anschluss können sie folgende Sätze vervollständigen:

■ *Für Claire Zachanassian bedeutet Gerechtigkeit, ...*

■ *Für Alfred Ill bedeutet Gerechtigkeit, ...*

- *Für die Güllener bedeutet Gerechtigkeit, ...*
- *Dürrenmatt stellt im Drama den Begriff Gerechtigkeit dar, indem er ...*

Die Schülerinnen und Schüler arbeiten heraus, dass verschiedene Gerechtigkeitsvorstellungen im Stück vorherrschen; so versteht Alfred Ill z. B. darunter, seine Strafe anzunehmen und so seine Schuld zu sühnen; die Güllener stellen sich als sehr gerecht dar, indem sie Ill für sein unrechtes Tun vor Jahren bestrafen und sich dafür reichlich belohnen lassen. Die Leser wissen jedoch, dass der Begriff Gerechtigkeit hier ideologisch für materielle Zwecke missbraucht und umgedeutet wird.

Claire Zachanassian plant, sich Gerechtigkeit zu kaufen, damit ein an ihr begangenes Unrecht wiedergutgemacht wird. Nach ihrer Auffassung handelt es sich also um ein käufliches Gut. Die Schülerinnen und Schüler wissen bereits, dass Gerechtigkeit hier schlicht Rache bedeutet. In diesem Zusammenhang kann noch einmal auf Claire Zachanassians Rolle als Medea zurückgegriffen werden (vgl. Baustein 3.1).

Diese unterschiedlichen Auffassungen machen es schwierig, den Gerechtigkeitsbegriff Dürrenmatts zu fassen. Um seinen Vorstellungen von Gerechtigkeit näherzukommen, können die Schülerinnen und Schüler einen Auszug aus dem „Monstervortrag über Gerechtigkeit und Recht" lesen (**Arbeitsblatt 33**, S. 109). Um das Verständnis zu erleichtern, arbeiten sie anschließend die Thesen durch und bewerten jeweils, ob sie falsch oder richtig sind.

- *Lies den Auszug aus dem „Monstervortrag über Gerechtigkeit und Recht" sorgfältig und unterstreiche wichtige Textpassagen. Lies anschließend die Thesen auf dem Arbeitsblatt durch und bewerte jeweils, ob sie richtig oder falsch sind. Korrigiere die falschen Thesen.*

Wenn der Text verstanden worden ist, diskutieren die Schülerinnen und Schüler ihre eigene Einschätzung des beschriebenen Konflikts zwischen der Freiheit des Einzelnen und der Notwendigkeit, diese zur Wahrung der Gerechtigkeit in der Gesellschaft zu beschränken. Da jeder Mensch manchmal an die Grenzen des eigenen Willens aus Rücksicht auf die Vorgaben der Gesellschaft stößt, können sie ihre eigenen Empfindungen dabei in Worte fassen.

- *Der Text wirft das Problem auf, dass die Freiheit des Einzelnen beschränkt werden muss, wenn sie garantiert werden soll. Überlegt, ob euch dieses Problem in eurem Leben schon einmal bewusst geworden ist und wie ihr damit umgegangen seid.*

Nachdem die Schülerinnen und Schüler den Gerechtigkeitsbegriff bei Dürrenmatt kennengelernt und auf das Drama bezogen haben, stellen sie nun Bezüge zu einem anderen Werk Dürrenmatts her, dem Kriminalroman „Der Richter und sein Henker" (**Zusatzmaterial 5**, S. 122f.). Anhand eines Auszugs aus dem letzten Kapitel stellen sie das Gerechtigkeitsverständnis Kommissär Bärlachs dem Claire Zachanassians vergleichend gegenüber.

Der Roman „Der Richter und sein Henker" ist in den Jahren 1950/1951 in einer Zeitung als Fortsetzungsroman erschienen. Er spielt in der Schweiz des Jahres 1948. Protagonist ist der todkranke Kommissär Bärlach, der kurz vor der Pensionierung steht. Bärlach ermittelt als Kommissar der Berner Polizei im Mord an seinem Kollegen Schmied. Schnell wird ihm klar, dass Tschanz, der Polizist, der mit ihm an dem Fall arbeitet, der Mörder ist. Im Laufe der Mordermittlungen setzt Bärlach den ahnungslosen Tschanz wie eine Schachfigur ein, um seinen alten Kontrahenten Gastmann, einen Verbrecher und Mörder, zur Strecke zu bringen. Dem Romangeschehen voraus geht eine Wette zwischen Gastmann und Bärlach, dass dieser den Verbrecher Gastmann nie eines Verbrechens überführen können. Das gelingt Bärlach auch nicht, jedoch benutzt er Tschanz als Henker, um Gastmann zu töten. Erst am Ende erkennt Tschanz, dass er von Bärlach von Beginn an durchschaut und benutzt worden ist. „Bärlach geht es nicht um eine intersubjektivierbare Gerechtigkeit, wenn er Tschanz auf Gastmann hetzt, sondern, im Fall Tschanz, um Rache, im Fall Gastmann indessen darum, das letzte Wort zu behalten."[1]

Der Kriminalroman eignet sich für einen Vergleich mit Dürrenmatts tragischer Komödie „Der Besuch der alten Dame" unter dem Aspekt Gerechtigkeit, da Kommissär Bärlach wie auch Claire Zachanassian eine zweifelhafte Vorstellung von Gerechtigkeit haben und ebenso zweifelhafte Mittel anwenden, um diese zu erlangen. Beide setzen Dritte ein, in Bärlachs Fall ist es der Kollege Tschanz, in Claires sind es die Güllener Bürger, um ihre grausamen Pläne umzusetzen. Im Unterschied zu den Güllenern ist sich Tschanz seiner Rolle als Henker jedoch nicht bewusst. Die Güllener wissen, dass Claire sie benutzen will, um Ill zu töten.

Eine Gruppe von Schülerinnen und Schülern macht die Lerngruppe in einer Buchvorstellung mit dem Roman bekannt. Dann bearbeitet die Lerngruppe einen Auszug aus dem letzten Kapitel. Der Text schildert die Szene, in der Bärlach Tschanz seinen teuflischen Plan eröffnet. Tschanz wird klar, dass Bärlach ihn durchschaut und als Henker benutzt hat, um Gastmann zu töten. Den Rahmen dafür bildet eine „Henkersmahlzeit": Der magenkranke Kommissär lädt Tschanz zu einem opulenten Mahl zu sich nach Hause ein und schlingt vor den Augen seines Gastes Unmengen verschiedener Speisen in sich hinein, Ausdruck eines selbstzerstörerischen Prozesses.

Die Arbeitsaufträge lauten:

- *Lest den Auszug aus dem Roman „Der Richter und sein Henker" und klärt, was geschieht.*
- *Vergleicht den Protagonisten Bärlach mit Claire Zachanassian. Berücksichtigt dabei besonders das Gerechtigkeitsverständnis.*

In einer Tabelle können die Ergebnisse an der Tafel festgehalten werden:

Das Gerechtigkeitsverständnis

Claire Zachanassian	Kommissär Bärlach
• will Rache an Alfred Ill üben	• will Recht behalten gegenüber Gastmann
• ihr Motiv ist Ills Verrat vor 45 Jahren	• sein Motiv sind Gastmanns Verbrechen
• manipuliert die Güllener durch Angebot einer Milliarde für Ills Tod	• übt Rache an Tschanz wegen des Mordes an Schmied
	• benutzt ahnungslosen Tschanz als Henker

→ Bestrafung eines Verbrechens
→ Verabsolutieren der eigenen Motive und des eigenen Gerechtigkeitsverständnisses
→ Manipulation Dritter
→ Gleichsetzung von Rache und Gerechtigkeit

---

[1] Gerhard, Knapp: Friedrich Dürrenmatt. 2. überarbeitete und erweiterte Fassung. Stuttgart: Metzler 1993 (Reihe Sammlung Metzler. Realien zur Literatur), S. 43

6.3 Ein lachendes und ein weinendes Auge – Dramentheoretische Überlegungen

Dürrenmatts Drama „Der Besuch der alten Dame" trägt den Untertitel „Tragische Komödie". Dieser Baustein geht der Frage nach, was unter dieser Bezeichnung zu verstehen ist, die den Schülerinnen und Schülern zunächst in sich widersprüchlich erscheinen mag. Vor dramentheoretischen Überlegungen können sie sich dem Begriff „tragische Komödie" annähern, indem sie erläutern, wie sie im alltäglichen Gebrauch die Begriffe „tragisch" und „komisch" verstehen.

■ *Definiere dein Verständnis der beiden Begriffe „tragisch" und „komisch".*

Auf diese Art verfügt die Lerngruppe über ein Vorverständnis, das vermutlich von der literaturwissenschaftlichen Definition dieser beiden Begriffe abweicht. Es besteht auch die Möglichkeit, in den Printmedien und vielleicht im Internet nach Zusammenhängen zu suchen, in denen die Begriffe vorkommen, um das Alltagsverständnis zu klären. Die Ergebnisse können z. B. in einer Collage präsentiert werden.

Den eigenen Erklärungen der Begriffe „tragisch" und „komisch" werden nun die literaturwissenschaftlichen Definitionen gegenübergestellt, die auf **Arbeitsblatt 34, S. 110** zu finden sind. Vor dem Hintergrund ihres eigenen Vorverständnisses lesen die Schülerinnen und Schüler die Erklärungen und suchen zunächst nach Unterschieden zu ihren eigenen Vorstellungen, im Anschluss wenden sie ihr neues Wissen auf das Drama an und suchen nach komischen und tragischen Elementen.

■ *Lies die vier Definitionen aufmerksam und erläutere kurz, inwiefern dein Alltagsverständnis der beiden Begriffe „komisch" und „tragisch" von den literaturwissenschaftlichen Erklärungen abweicht.*

■ *Suche Beispiele für komische und tragische Elemente im Drama „Der Besuch der alten Dame".*

Mit dem Verständnis der neuen Begriffe können die Schülerinnen und Schüler z. B. darstellen, dass die grotesken Elemente des Dramas (vgl. Baustein 2 und 3) komische Elemente sind, da sie menschliche Schwächen darstellen und den Leser bzw. Zuschauer dazu anregen, sich lachend über die Schwächen und Torheiten der Personen zu stellen. Offensichtlich ist auch das Auseinanderklaffen von Sein und Schein, wenn die Güllener offiziell die große Spende als wichtiges soziales Experiment annehmen, während sie eigentlich beschließen, Ill umzubringen. Im Zusammenhang mit der Gemeindeversammlung, in der Ills Tod beschlossen wird, werden auch die humanistischen Werte, die der Lehrer ins Spiel bringt, als inhaltsleer gekennzeichnet (vgl. Baustein 5). Durch die Überzeichnung der Vorgänge, so z. B. durch die Anwesenheit der Presse, die die Versammlung als Farce erscheinen lässt, liegt dem Zuschauer das Lachen und damit auch die Distanz näher als das Weinen und das Mitleid, da die Falschheit des Tuns der Güllener deutlich wird.

Das Tragische des Dramas „Der Besuch der alten Dame" können die Schüler in Ill finden, der durch das Eintreffen der alten Dame seinem Schicksal ausgeliefert wird. Der Vergleich Claire Zachanassians mit der mythischen Figur Medeas (vgl. Baustein 3) unterstreicht diesen Eindruck. Ill kämpft mit einem Schicksal, dem er sich durch seine Verfehlungen in der Jugend selbst ausgesetzt hat; die Annahme seiner Strafe kann aber als heldisches Tun betrachtet werden, durch das er sich als mutiger Mensch behauptet (vgl. Baustein 5). Allerdings darf bezweifelt werden, ob der Tod Ills eine Katharsis für die Zuschauer darstellt. Dieses für die Tragödie wichtige Element fehlt dem Drama.

Der Vergleich der alten Dame mit Medea und das Einfügen des Chorliedes in der letzten Szene haben die Schülerinnen und Schüler schon während der Untersuchung des Dramas auf Zusammenhänge mit dem griechischen Drama gestoßen; im Verstehen der Begriffe Tragödie und Komödie wird ihnen noch einmal deutlich, dass Dürrenmatts Drama in einem dramentheoretischen Zusammenhang zu betrachten ist, der eine Beschäftigung mit dem Drama des antiken Griechenlands notwendig macht. Eine verständliche Einführung bietet der Text von Markus Apel auf dem **Arbeitsblatt 35**, S. 112.

Die Schülerinnen und Schüler entnehmen dem Text die wichtigsten Informationen und vergleichen danach die Merkmale des klassischen Dramas mit dem Stück „Der Besuch der alten Dame".

- *Fasse die wichtigsten Informationen des Textes übersichtlich zusammen (z. B. in einer Tabelle).*

- *Untersuche, in welchen Merkmalen das Drama „Der Besuch der alten Dame" von Friedrich Dürrenmatt mit den Merkmalen des klassischen Dramas übereinstimmt und in welcher Hinsicht es sich abgrenzt.*

Der Aufbau des Dramas kann in einer Zeichnung dargestellt werden, wie der Text sie vorschlägt und sie gängig ist, die in einem „pyramidalen Bau" ein Ansteigen vom ersten Akt mit der Exposition und dem dramatischen Konflikt über eine Steigerung im zweiten Akt zum dramatischen Höhepunkt im dritten Akt führt und danach fallend über die Retardation im vierten Akt zur Lösung des Konfliktes im fünften Akt führt.

Die Merkmale des klassischen Dramas können in einer Tabelle dargestellt werden, die in der rechten Spalte Platz für einen Vergleich mit Dürrenmatts Drama lässt. Wichtige Merkmale sind neben dem schon genannten Aufbau die Verankerung in kultisch-religiösen Zusammenhängen, die Einheit von Zeit, Ort und Handlung, die (zunächst vorhandene) Ständeklausel und stilistische gehobene Sprache in der Tragödie, die einfachere Sprache in der Komödie und das Merkmal des analytischen Dramas, in dem die zur Katastrophe führenden Ereignisse vor dem Einsetzen der Bühnenhandlung stattgefunden haben.

Im Vergleich zum Drama „Der Besuch der alten Dame" arbeiten die Schülerinnen und Schüler heraus, dass der Aufbau des Dramas zwar nicht fünfaktig, aber doch dreiaktig dem Kompositionsprinzip des klassischen Dramas ähnlich ist. Das Übertragen der aristotelischen Begrifflichkeiten auf Dürrenmatts modernes Drama ist nicht eins zu eins möglich, aber hilfreich beim Erkennen der Struktur. Der erste Akt enthält die Exposition und den dramatischen Konflikt (vgl. Baustein 2). Der letzte Akt führt zur Lösung des dramatischen Konflikts (hier die Ermordung Ills). Die Peripetie zeigt sich vor allem in Ills Bekenntnis seiner Schuld (dritter Akt). Die Einheit von Zeit, Ort und Handlung ist nicht streng gegeben, wird aber auch nicht deutlich ausgeweitet. Alle Szenen finden in Güllen oder der näheren Umgebung statt, die Handlung findet in einem Zeitraum von wenigen Tagen statt. Die Einheit der Handlung ist allerdings durch die parallele Darstellung der Handlung der Güllener Bürger, des Wartens der Milliardärin und der Jagd auf den Panther nicht gegeben.

Diese formalen Überlegungen zur Einordnung des Dramas in dramentheoretische Zusammenhänge werfen die Frage auf, wie Dürrenmatt dazu kommt, aus den beiden dramatischen Hauptformen eine „Mischform" zu machen. Diese Frage beantwortet er in seinem Aufsatz „Theaterprobleme". Auszüge aus diesem Text finden sich auf dem **Arbeitsblatt 36**, S. 113f. Die Schülerinnen und Schüler arbeiten heraus, in welchem Verhältnis Dürrenmatt die Tragödie und die Komödie zueinander sieht.

- *Lies den Text und unterstreiche wichtige Textpassagen, die Aufschluss über das Verhältnis von Tragödie und Komödie geben. Erläutere anschließend mit deinen eigenen Worten den Satz „Uns kommt nur noch die Komödie bei".*

Die Schülerinnen und Schüler arbeiten heraus, dass die Tragödie eine strukturierte und durchschaubare Welt voraussetzt, in der ein Bewusstsein von Schuld und Verantwortung herrscht. Die heutige Welt ist schwer zu verstehen und anonym, sie ist geprägt von Unglück und Tragödien, wie sie beispielsweise Hitler und Stalin verursacht haben. Ein Empfinden von Schuld gibt es für den Einzelnen nicht mehr. Die Gestaltung und Klarheit der Welt, die die Tragödie voraussetzt und zu der sie die Distanz überwindet, ist heute nicht mehr vorhanden. Deshalb schafft die Komödie die Distanz, mit der die Zuschauer die heutige Welt betrachten sollen. Sie bezieht ihre Ideen nicht wie die klassischen Tragödien aus den Mythen, sondern aus „dem Einfall", erfundenen Handlungen, die die Gegenwart darstellen. Die Distanz, die die Komödie schafft, ermöglicht es den Menschen, nicht an der Welt zu verzweifeln, sondern sie aus der Distanz heraus richtig einzuschätzen und mit ihr umgehen zu lernen. Dürrenmatt stellt als sein Hauptanliegen heraus, in seinem Drama den „mutigen Menschen" zu zeigen, der nicht vor dem Chaos der Welt kapituliert, sondern eine Weltordnung wiederherstellt.

Wenn die Schülerinnen und Schüler diese Überlegungen nachvollzogen haben, können sie abschließend die Frage diskutieren, inwiefern Dürrenmatts Theorie in seinem Drama.

> ■ *Diskutiert in der Klasse die Frage, inwiefern Dürrenmatt seine Dramentheorie in dem Drama „Der Besuch der alten Dame" umsetzt.*

Einen besonderen Stellenwert kann die Frage haben, ob Alfred Ill ein mutiger Mensch ist. Diese Überlegungen sind auch in Baustein 5 schon angestellt worden und können nun noch einmal aufgegriffen und erweitert werden.

6.4 Stimmen zum „Besuch der alten Dame" – Rezensionen

Rezensionen, die nach der Uraufführung des Stückes im Schauspielhaus in Zürich am 29.01.1956 erschienen sind, sind Gegenstand dieses Bausteins. Sie liefern Deutungen des Dramas und setzen sich kritisch mit seinen Stärken und Schwächen auseinander. Den Schülerinnen und Schülern bieten sie den Anreiz, selbst kritisch über das Stück nachzudenken, sich mit den vorgetragenen Positionen zu befassen und sich davon begründet abzugrenzen oder zuzustimmen und eine eigene fundierte Rezension zu verfassen. Im Mittelpunkt steht die Analyse der Rezensionen und eine sich daran anschließende textgebundene Erörterung.

Bevor die Schülerinnen und Schüler Auszüge aus den Rezensionen untersuchen, äußern sie nach abgeschlossener Lektüre und Textanalyse ihre eigene Meinung über das Stück.

> ■ *Notiert, was euch an dem Stück gefallen hat und was nicht. Begründet eure Einschätzung kurz.*

Dieser Auftrag kann erweitert werden. Die folgenden Arbeitsanregungen dienen dazu, den Prozesscharakter des Schreibens zu verdeutlichen: Textplanung – Textproduktion – Textüberarbeitung.

> ■ *Stellt euch vor, ihr sollt für die Schülerzeitung eine Rezension des Stückes verfassen. Entwerft in einer Gruppe einen Schreibplan. Macht zunächst Stichpunkte zu den Aspekten, die ihr in der Rezension ansprechen möchtet (Inhalt des Stückes, wichtige Figuren, eigene Meinung, …) und denkt über den Aufbau der Rezension nach (Titel, Untertitel, was gehört in die Einleitung? …). Behaltet dabei auch eure Adressaten im Blick.*

- *Nutzt eure Stichpunkte nun dazu, die Rezension auszuformulieren.*
- *Tauscht eure Texte in der Gruppe aus und prüft sie gegenseitig kritisch. Verwendet dabei die Textlupe.*

Das Verfahren der Textlupe kann diesen Arbeitsschritt unterstützen. Mithilfe des Rasters verfassen die Schülerinnen und Schüler Anmerkungen zu den Rezensionen ihrer Mitschüler. Wichtig ist, dass sie ihre Zustimmung und Kritik begründen und konstruktiv mit den Arbeiten ihrer Mitschüler umgehen, indem sie Verbesserungsvorschläge formulieren.

Leser/in	Das ist dir gelungen, weil	Das ist dir nicht gelungen, weil	Mein Verbesserungsvorschlag
...	...	...	...

Zum Abschluss des Schreibprozesses überarbeiten die Schülerinnen und Schüler ihre Rezensionen.

- *Überarbeitet auf der Grundlage der Anmerkungen eure Rezension.*

Die Schülerrezensionen sollten einen klaren Adressatenbezug aufweisen. Die Leser der Schülerzeitung werden das Stück in der Regel nicht kennen, d.h., dass eine kurze inhaltliche Einführung notwendig ist. Diese kann sich auch auf die Vorstellung der Hauptfiguren erstrecken. Ebenfalls muss die Funktion der Textsorte Rezension erkennbar bleiben: eine kritische Auseinandersetzung mit dem Stück. Hier kommt es darauf an, dass die Verfasser ihre eigene Meinung fundiert zur Sprache bringen und für den Leser nachvollziehbar argumentieren.

Wer sich vertiefend mit Rezensionen zum Stück befassen möchte, kann aus der umfangreichen Sekundärliteratur zum Drama schöpfen und Rezensionen zur Diskussion stellen. Vier Rezensionen (**Arbeitsblatt 37**, S. 115; **Zusatzmaterial 4**, S. 119ff.) sind zusammengestellt. Die Texte sind z.T. recht anspruchsvoll.

- Elisabeth Brock-Sulzer: Dürrenmatt: Der Besuch der alten Dame. In: Die Tat. Zürich, 1. Februar 1956.
- Manuel Gasser: Der neue Dürrenmatt. Uraufführung der tragischen Komödie „Der Besuch der alten Dame" im Zürcher Schauspielhaus am 29. Januar 1956. In: Die Weltwoche, Zürich, 6. Februar 1956.
- Hansres Jakobi: Wenn plötzlich der Abgrund sich öffnet. Internationales Publikum erlebte den neuen Dürrenmatt: „Der Besuch der alten Dame". In: Die Welt, 3. Februar 1956.
- Heinz Beckmann: Eine tragische Komödie. Friedrich Dürrenmatt „Der Besuch der alten Dame". Kritik vom 3. Februar 1956 zur Aufführung in Zürich. In: ders.: Nach dem Spiel. Theaterkritiken 1950–1962. München 1963, S. 149–151.

Die Erarbeitung einer Rezension wird hier exemplarisch vorgestellt. Die Wahl ist auf die Besprechung von Elisabeth Brock-Sulzer gefallen, weil sie vielfältige Bezüge aufweist zu den im Modell thematisierten Erarbeitungsschwerpunkten: eine Deutung der Hauptfiguren Claire Zachanassian und Alfred Ill und die Interpretation der Rolle der Güllener Bürger und des Chors. Zwar bietet der Text keine provokanten Positionen zum Stück, die zum Widerspruch anregen, doch können die Schülerinnen und Schüler sich mit den vorgetragenen Deutungen fundiert auseinandersetzen, da sie die Tragödie bereits ebenfalls unter diesen Aspekten untersucht haben.

Sollen mehrere, auch kritischere, Rezensionen herangezogen werden, kann dies arbeitsteilig geschehen:

- Manuel Gasser setzt sich in seiner Besprechung vom 6. Februar 1956 besonders mit der Rolle des Publikums auseinander und seiner Haltung zu den beiden Hauptfiguren. Die Frage „Aber wohin sollen wir dann mit unserer Sympathie?" hafte, auch wenn das Stück zu Ende sei, in der Erinnerung des Zuschauers.
- Überwiegend kritisch äußert sich Hansres Jakobi zur Konzeption des gesamten Stückes, dessen blendender Einfall jedoch in seiner Wirkung durch die mangelnde Folgerichtigkeit der Durchführung beeinträchtigt werde. Auch die Konzeption der Hauptfiguren kritisiert er, insbesondere den Umstand, dass Ill als „Opferlamm" von Anfang an befleckt sei durch seine Schuld gegenüber Claire Zachanassian und dass Claires Rache gegen ihren treulosen Geliebten sich in billige Sentimentalität auflöse.
- Heinz Beckmann schätzt den Dramatiker Dürrenmatt als begabten Autor, der „weiß, die rechte Fabel zu finden", dem aber der Mensch unbekannt sei. Er kenne ihn nur als Demonstrationsobjekt, weshalb denn auch sein Spaß und seine Ironie fast ständig auf die Rutschbahn ins mittelmäßige Kabarett gerieten. Beckmann kritisiert u. a. die Konstruktion der Figur C. Zachanassian mit ihren zahlreichen Prothesen und dem seltsamen Gefolge aus entmannten und geblendeten Raubmördern als übersteigert. Ebenso enttäuscht ist der Autor vom Schlusschor, „in dem die Konjunktur oder sonst was ganz ohne Ironie ironisiert wird".

Die sehr umfangreiche Rezension von Elisabeth Brock-Sulzer untersuchen die Schülerinnen und Schüler in einer gekürzten Fassung. Die Einführung in den Inhalt des Stückes wird ausgelassen, weil dieser der Lerngruppe bekannt ist (vgl. Baustein 2).
Zunächst betrachten die Schülerinnen und Schüler den Aufbau des Textes. Routinierte Lerngruppen überspringen diesen Arbeitsschritt und befassen sich gleich mit den Hauptaussagen des Textes (s. u.).

■ *Lest die Rezension von E. Brock-Sulzer aufmerksam und gliedert sie.*

Der vorgelegte Auszug lässt sich in vier Abschnitte gliedern. Der erste würdigt das Stück als großes Werk, beinhaltet eine Gesamtdeutung (Entlarvung der Feigheit des Menschen) und beschreibt seine Ziele (Selbsterkenntnis) und die Wirkung auf das Publikum.
Anschließend wendet sich die Autorin, angefangen bei Claire Zachanassian, den Figuren der Tragödie zu. In ihr sieht sie lediglich eine „Auslöserin" des dramatischen Geschehens, nicht eine Hauptfigur. Die Verfasserin kennzeichnet sie als „ebenso sehr tragisch, wie komisch, wie grotesk, wie kitschig", eine Figur, der alle scheinbar abstrusen, unwahrscheinlichen Züge des Stückes zugeordnet seien. Um die Deutung der Figur besser nachvollziehen zu können, bringen die Schülerinnen und Schüler hier ihr Vorwissen aus Baustein 3 ein.
Im dritten Abschnitt geht es um Alfred Ill. In der Vergangenheit hat er sich gegenüber seiner Geliebten Claire schuldig gemacht. Im Laufe der Handlung durchlebt er große Angst und erkennt nach der Autorin jedoch, dass er anstelle der Güllener auch nicht anders handeln würde, und er gewinnt die Kraft, gerecht zu sein. Querverbindungen ergeben sich hier zu Baustein 5 und der schon aufgeworfenen Frage, inwiefern Ill ein mutiger Mensch sei.
Verbindungen zu vorherigen Bausteinen ergeben sich auch aus dem vierten Abschnitt, der die Rolle der Güllener Bürger thematisiert. Die Verfasserin beschreibt deren Verarmung und bezeichnet die Gerechtigkeit, der die Bürger scheinbar zu ihrem Recht verhelfen wollen, als „eine prunkvolle Fassade für jede Feigheit".

Baustein 6: Hintergründe: Der Autor, Gerechtigkeit als Thema seiner Werke, die Dramentheorie und Rezensionen

Die Ergebnisse zum Aufbau des Textes können im Unterrichtsgespräch gesammelt werden. Um eine vertiefende Auseinandersetzung mit den Deutungen der Autorin zu ermöglichen, halten die Schülerinnen und Schüler die wesentlichen Positionen und Aussagen in Form von Thesen fest. Dabei können sie sich die Einteilung des Textes in Abschnitte zunutze machen und abschnittsweise vorgehen.

■ *Gebt die Hauptaussagen des Textes in Form von Thesen wieder.*

Die Schülerinnen und Schüler arbeiten in Gruppen, sammeln ihre Ergebnisse auf einer Folie und stellen sie zur Diskussion.

Alternativ oder als Zusammenfassung der Diskussion verfassen die Schülerinnen und Schüler eine textgebundene Erörterung zu der Rezension.

Notizen

_____
_____
_____
_____
_____
_____
_____
_____
_____
_____
_____
_____
_____
_____
_____
_____
_____
_____
_____
_____
_____
_____

Dürrenmatt zur Entstehung seiner Theaterstücke

Aus einem Interview mit Friedrich Dürrenmatt:

[...] **Bienek:** Ihr Stück „Der Besuch der alten Dame" ist Ihr bestes, Ihr erfolgreichstes, ja das erfolgreichste Stück eines deutschschreibenden Autors nach dem Krieg überhaupt. Sie haben sich da eine ganz handfeste Fabel ausgedacht. Finden Sie nach wie vor, daß der Erfolg, sagen wir, die Wirksamkeit eines Stückes zum großen Teil von der Fabel abhängt?

Dürrenmatt: Ich bin überzeugt.

Bienek: Und glauben Sie, daß die Misere gerade der deutschen Dramatik darauf zurückzuführen ist, daß die jungen Autoren, beherrscht von der Sucht nach origineller Form, das Thema immer mehr mißachten?

Dürrenmatt: Das ist möglicherweise ein wenig meine Überzeugung.

Bienek: Herr Dürrenmatt, ich möchte gern wissen, wie ist Ihnen zum Beispiel der Einfall zur „Alten Dame" gekommen?

Dürrenmatt: Zuerst hatte ich den Grundeinfall zur Story, zur Geschichte. Ich versuchte, eine Novelle zu schreiben. Titel: Mondfinsternis. Die Geschichte spielte sich in einem Bergdorfe ab, aus Amerika kehrte ein Auswanderer heim und nahm Rache an seinem alten Rivalen. Das war die erste Phase. Dann die zweite: aus dem Auswanderer wurde eine Frau: die Multimilliardärin Claire Zachanassian. Aus dem Bergdorf: Güllen.
Hier kann ich nun den Werdegang des Stückes genauer angeben. Dramaturgisch stellte sich fürs erste das Problem: wie bringe ich eine Kleinstadt auf die Bühne? Ich fuhr damals öfters von Neuenburg, wo ich wohne, nach Bern. Der Schnellzug hält jedesmal ein- oder zweimal bei kleinen Bahnhöfchen. Neben diesen Bahnhöfchen, diesen Bahnhofsgebäuden, ist eine kleine Bedürfnisanstalt. Es ist also ein sehr typisches Bild für kleine Bahnhöfe, dies läßt sich schon als Bild für die Bühne sehr gut verwenden. Nun ist ja der Bahnhof der Ort, den man zuerst sieht, wenn man in eine Stadt geht, dort muß man ankommen. Der Zuschauer kommt mit dem Bahnhof gleichsam in Güllen an.
Dann war als dramaturgisches Problem zu lösen: wie stelle ich nun die Armut dar? Allein zum Beispiel, indem ich die Menschen zerlumpt herumlaufen lasse, das genügt ja nicht, der ganze Ort muß verarmt sein. Und so kam ich auf die Idee, daß ich die Schnellzüge eben dort nicht mehr habe anhalten lassen, einmal hielten sie an, nun nicht mehr. Der Ort ist also gesunken.
Weiter stellt sich nun die Frage: wie kommt dann eine Milliardärin an? Kommt sie nun mit einem Bummelzug? Ich hätte sie selbstverständlich in einem Extrazug ankommen lassen, aber es ist natürlich viel eleganter, wenn sie die Notbremse zieht. Milliardärinnen können sich das ja leisten. Doch nun, wenn ich schon eine Milliardärin mit dem Zug ankommen lasse: warum eigentlich mit dem Zug? Warum ist sie nicht mit dem Auto gekommen? Und hier, aus dieser Zwangslage, weil ich ja den Bahnhof unbedingt haben wollte als Theatermilieu, kam ich auf die Idee, die Milliardärin kommt mit dem Zug, weil sie einmal einen Autounfall gehabt hat und nun eine Beinprothese besitzt und nicht mehr autofahren kann. So entstehen, wie Sie aus diesen Beispielen sehen können, aus Theaternotwendigkeiten, aus realen Notwendigkeiten der Bühne, Elemente des Spiels, die nur scheinbar bloße Einfälle sind.

Bienek: Der Einfall ist also noch gar nicht theatralisch, sondern erst in dem Moment, wo Sie ihn in die Bühnenwelt versetzen, bekommt er zwangsläufig dramatische Maßstäbe ...

Dürrenmatt: ... und greift dann eben auch in das Stück ein, verändert das Stück, verändert Personen, stellt neue Personen auf.

Bienek: Das ist aber dann wohl die typische Haltung des Dramatikers. Einem Romancier würden sicher andere, mehr epische Formen aufkommen, einfallen.

Dürrenmatt: Das ist möglich, ja.

Bienek: Wie lange schreiben Sie denn eigentlich an einem Stück?

Dürrenmatt: Im großen ganzen etwa ein Jahr.

Bienek: Und wann können Sie am besten schreiben, morgens oder nachts?

Dürrenmatt: Meistens schreibe ich von 10 bis 12 Uhr morgens und von 2 bis 5 Uhr nachmittags so etwa, in einem Büro, in einem freundlichen.

Bienek: Das ist eine Einteilung wie Bürostunden, oder wie bei einem Handwerker.

Dürrenmatt: Ich glaube, daß ich ein Arbeiter, ein Handwerker bin. Schreiben ist für mich nicht so sehr eine Sache der Stimmung. Ich muß zum Arbeiten zuhause sein. Ich kann eigentlich nur in meiner Schreibstube arbeiten.

Bienek: Wie fühlen Sie sich so als Schriftsteller?

Dürrenmatt: Ich habe mich daran gewöhnt.

Bienek: Und wären Sie nicht lieber Maler geworden? Das hatten Sie ursprünglich doch einmal vor.

Dürrenmatt: Ich kann es mir nicht leisten. Ich fasse Schriftstellerei streng als einen Beruf auf, als meinen Beruf. Ich mußte sehr vieles schreiben, weil ich Geld verdienen mußte, um mich und meine Familie durchzubringen: Kriminalromane, Hörspiele. Ich habe es nie bereut, und ich habe auch nie abgeleugnet, daß ich diese Dinge geschrieben habe, um Geld zu verdienen.

Bienek: Hätten Sie nicht Lust, einmal eine richtige Tragödie zu schreiben?

Dürrenmatt: Ich glaube, daß ich für die Tragödie nicht recht geeignet bin.

Aus: Horst Bienek: Werkstattgespräche © 1962 im Carl-Hanser Verlag, München-Wien (Aus lizenzrechtlichen Gründen nicht in reformierter Schreibung)

- *Welche Fragen zu seiner Arbeit würdest du F. Dürrenmatt stellen, wenn du die Gelegenheit dazu hättest?*
- *Lies den Interview-Auszug. Welche deiner Fragen werden dort vom Autor beantwortet? Wie beantwortet er sie?*
- *Was erfährst du sonst noch über die Arbeit des Schriftstellers Dürrenmatt?*
- *Wie hat sich der Einfall zum Drama „Der Besuch der alten Dame" entwickelt?*
- *Welche Informationen überraschen dich?*

Wie hält man einen gelungenen Kurzvortrag?

Worauf kommt es bei einem Vortrag an?
In einem Vortrag geht es darum, Informationen, die man erarbeitet hat, einer Zielgruppe zu vermitteln. Ein guter Vortrag zeichnet sich besonders durch zwei Merkmale aus:
1. **Verständlichkeit** (Das betrifft den Inhalt des Vortrags.)
2. **Anschaulichkeit** (Das betrifft die Art der Darstellung.)

Von einem Kurzvortrag spricht man bis zu einer Vortragsdauer von 15 Minuten.
Die Fähigkeit zur Vorbereitung und zur Präsentation eines Kurzvortrags lässt sich üben. Man muss kein Genie sein, um seine Sache gut zu machen. Einen Kurzvortrag halten zu können: Das ist eine Schlüsselqualifikation, die in allen Schulfächern, in jeder weiterführenden Schule, im Beruf, im Verein oder in anderen Organisationen und in der Universität von grundlegender Bedeutung ist.

Die Vorbereitung des Kurzvortrags
Nach der Entscheidung für ein Thema kannst du dich an den folgenden zehn Schritten orientieren:

Checkliste
1. Thema des Vortrags genau formulieren und gezielt auf Informationssuche gehen
2. Lesen des Materials und Suche nach weiteren Materialien, die zum Thema passen
3. Bearbeiten des Materials (Schlüsselbegriffe herausschreiben, wichtige Informationen sammeln und notieren, Unbekanntes klären)
4. Informationen zum Thema gezielt sammeln
5. Aus der Sammlung die Informationen auswählen, die zum Verständnis des Themas unverzichtbar sind
6. Informationen gliedern
7. Vortrag in Einleitung, Hauptteil und Schluss einteilen
8. Einen Stichwortzettel erstellen
9. Vortrag einmal üben (zum Beispiel in einer Gruppe)
10. Eventuell kürzen und noch einmal überarbeiten

> Stichwortzettel
> **1. Einleitung**
> Thema klar formulieren
> Bedeutung des Themas deutlich machen
>
> **2. Hauptteil**
> Überblick über die einzelnen Punkte geben
> Information 1   Folie
> Information 2   Plakat
> Information 3   Mindmap
> Information 4   Tafel
>
> **3. Schlussteil**
> kurze Zusammenfassung geben
> Vortrag mit einem interessanten Gedanken beenden

Die Präsentation des Kurzvortrags
Es gibt viele verschiedene Arten, wie man einen Vortrag vor einer Gruppe halten kann. Jeder sollte die Art finden, die zur eigenen Person am besten passt. Darüber hinaus gibt es Regeln, die erlernbar sind und die immer dabei helfen, dass man seine Vortragsziele erreicht.
Wichtig ist, dass die oder der Vortragende gut vorbereitet ist, weil das Publikum sehr schnell merkt, ob jemand von der Sache, über die gesprochen wird, etwas versteht. Darüber hinaus sollte der Vortrag gut verständlich sein, lebendig gestaltet werden und möglichst mit zusätzlichen Medien, wie einer Folie, einem Plakat, einem Schaubild, einem Tafelanschrieb, einer Mindmap usw. optisch unterstützt werden.

> **Kurzvortrag**
>
> Die 4 Interessantmacher:
>
> 1. gute Vorbereitung
> 2. Verständlichkeit
> 3. Lebendigkeit
> 4. Anschaulichkeit

Aus: Wolfgang Mattes: Methoden für den Unterricht. 75 kompakte Übersichten für Lehrende und Lernende. Paderborn: Schöningh 2002, S. 108

Die Gerechtigkeit – Zitatensammlung

- „Klara liebte die Gerechtigkeit. Ausgesprochen. Einmal wurde ein Vagabund abgeführt. Sie bewarf den Polizisten mit Steinen." (Ill, S. 19)
- „Gerechtigkeitsliebe. Nicht schlecht. Wirkt immer. Aber die Geschichte mit dem Polizisten unterschlagen wir lieber." (Der Bürgermeister, S. 19)
- „Ich gebe euch eine Milliarde und kaufe mir dafür die Gerechtigkeit." (Claire Zachanassian, S. 45)
- „Die Gerechtigkeit kann man doch nicht kaufen!" (Der Bürgermeister, S. 45)
- „Wie ihr vernommen habt, bietet Frau Claire Zachanassian eine Milliarde und will dafür Gerechtigkeit. Mit anderen Worten: Frau Claire Zachanassian bietet eine Milliarde, wenn ihr das Unrecht wiedergutmacht, das Frau Zachanassian in Güllen angetan wurde." (Der Butler, S. 46)
- „Und nun wollen Sie Gerechtigkeit, Claire Zachanassian? – Ich kann sie mir leisten." (Der Butler und Claire Zachanassian, S. 49)
- „[...], und nun will ich Gerechtigkeit, Gerechtigkeit für eine Milliarde." (Claire Zachanassian, S. 49)
- „Sie verlangen absolute Gerechtigkeit. Wie eine Heldin der Antike kommen Sie mir vor, wie eine Medea." (Der Lehrer, S. 90)
- „Ich unterwerfe mich eurem Urteil, wie es nun auch ausfalle. Für mich ist es die Gerechtigkeit, was es für euch ist, weiß ich nicht." (Alfred Ill, S. 109)
- „Frau Claire Zachanassian plant Wichtigeres. Sie will für ihre Milliarde Gerechtigkeit, die Gerechtigkeit. Sie will, daß sich unser Gemeinwesen in ein gerechtes verwandle. Diese Forderung läßt uns stutzen. Waren wir denn nicht ein gerechtes Gemeinwesen?" (Der Lehrer, S. 121)
- „Dies ist der bittere Tatbestand: Wir duldeten die Ungerechtigkeit." (Der Lehrer, S. 121)
- „Es geht nicht um Geld, es geht nicht um Wohlstand und Wohlleben, nicht um Luxus, es geht darum, ob wir Gerechtigkeit verwirklichen wollen, und nicht nur sie, sondern auch all die Ideale, für die unsere Altvordern gelebt und gestritten hatten und für die sie gestorben sind, die den Wert unseres Abendlandes ausmachen!" (Der Lehrer, S. 121)
- „Nur wenn ihr das Böse nicht aushaltet, nur wenn ihr unter keinen Umständen in einer Welt der Ungerechtigkeit mehr leben könnt, dürft ihr die Milliarde der Frau Zachanassian annehmen und die Bedingung erfüllen, die mit dieser Stiftung verbunden ist." (Der Lehrer, S. 122)
- „Mutig wurde auf Mißstände allgemeiner Art hingewiesen, auf Ungerechtigkeiten, wie sie ja in jeder Gemeinde vorkommen, überall, wo Menschen sind." (Der Radioreporter, S. 122)
- „Die Stiftung der Claire Zachanassian ist angenommen. Einstimmig. Nicht des Geldes, sondern der Gerechtigkeit wegen und aus Gewissensnot." (Bürgermeister und Gemeinde, S. 124)

(Zitate nicht in reformierter Schreibung)

> ■ Lies die Zitate und ordne sie kurz in den Zusammenhang ein. Vervollständige dann folgende Sätze:
> Für C. Zachanassian bedeutet Gerechtigkeit ....
> Für A. Ill bedeutet Gerechtigkeit ...
> Für die Güllener bedeutet Gerechtigkeit ...
> Dürrenmatt stellt im Drama den Begriff Gerechtigkeit dar, indem er ...

Ein Auszug aus dem „Monstervortrag über Gerechtigkeit und Recht" (Dürrenmatt, 1983)

Die Welt ist in Unordnung, und weil sie sich in Unordnung befindet, ist sie ungerecht. Dieser Satz scheint so evident, daß wir ihn ohne nachzudenken als wahr betrachten. Doch ist er in Wirklichkeit problematisch, weil die Gerechtigkeit problematisch ist. Die Gerechtigkeit ist eine Idee, die eine Gesellschaft von Menschen voraussetzt. Ein Mann allein auf einer Insel kann seine Ziegen gerecht behandeln, das ist alles. Eine Idee ist denkbar, es fragt sich nur, ob sie zu verwirklichen sei, ob sich eine gerechte Gesellschaftsordnung ebenso konstruieren lasse wie etwa eine Maschine. [...]

Wollen wir eine gerechte Gesellschaftsordnung konstruieren, gibt es daher vom Material Mensch her, das uns zum Bau zur Verfügung steht, zwei Konstruktionsmöglichkeiten. Wir können vom besonderen Begriff des Menschen ausgehen, vom Individuum, oder vom allgemeinen Begriff des Menschen, von der Gesellschaft. Wir müssen wählen. Doch bevor wir wählen, müssen wir uns über die Gerechtigkeit klar werden, die wir durch eine Gesellschaftsordnung verwirklichen können. Doch wie der Mensch zwei Begriffe von sich aufstellt, besitzt er auch zwei Ideen von der Gerechtigkeit. Das Recht des einzelnen besteht darin, sich selbst zu sein: Dieses Recht nennen wir Freiheit. Sie ist der besondere Begriff der Gerechtigkeit, den ein jeder von sich macht, die existentielle Idee der Gerechtigkeit. Das Recht der Gesellschaft besteht dagegen darin, die Freiheit eines jeden einzelnen zu garantieren, was sie nur vermag, wenn sie die Freiheit eines jeden einzelnen beschränkt. Dieses Recht nennen wir Gerechtigkeit, sie ist der allgemeine Begriff der Gerechtigkeit, eine logische Idee.

Aus: Friedrich Dürrenmatt: Philosophie und Naturwissenschaft. Copyright © 1998 Diogenes Verlag AG Zürich (nicht in reformierter Schreibung)

Thesen zum Auszug aus dem „Monstervortrag":

■ *Notiere jeweils am Rand einer Aussage, ob sie richtig (+) oder falsch (–) ist. Korrigiere die falschen Aussagen.*

Gerechtigkeit ist eine Idee, die nach Beseitigung der Unordnung in unserer Gesellschaft leicht zu verwirklichen ist.

Die Gesellschaft von Menschen ist die Voraussetzung für die Verwirklichung der Idee „Gerechtigkeit".

Die Verwirklichung der Idee „Gerechtigkeit" kann im Hinblick auf einen einzelnen Menschen oder im Hinblick auf die Gesellschaft geschehen.

Die Freiheit ist eine besondere Form der Gerechtigkeit, nämlich das Recht jedes Einzelnen, er selbst zu sein.

Die Gesellschaft hat die Aufgabe, diese Freiheit zu garantieren, und darf sie deshalb niemals einschränken.

Die Begriffe Komödie und Tragödie

Das Tragische:

Antigone steht bei Sophokles in dem Dilemma, dem Gebot des Königs bzw. dem Gesetz des Staates zu folgen und den Bruder nicht zu bestatten, oder dem Gebot der Götter bzw. dem Gesetz ethischer Pflichten zu folgen und es doch zu tun [...]. Folgt sie dem Gebot des Königs, verletzt sie das Gebot der Götter; folgt sie dem Gesetz des Staates, verletzt sie das Gesetz ethischer Pflicht. Sie steht in einem Wertekonflikt, genauer: in einem Konflikt zwischen hohen und gleichhohen Werten, von denen sie keinesfalls einen dem anderen gegenüber „vorziehen" bzw. einen dem anderen gegenüber „nachsetzen" darf [...], es aber zwangsläufig tun muss und so ‚tragisch' schuldig wird und zugrunde geht: „Tragisch ist der ‚Konflikt', der innerhalb der positiven Werte und ihrer Träger selbst waltet." [...] Im tragischen Untergang stellt Antigone für den Zuschauer miterlebbar dar, dass es den Konflikt der beiden hohen Werte, vor allem aber dass es den hohen Wert gibt, den sie „vorgezogen" hat und für den sie in den Tod geht. So bewirkt die Tragödie ganz in dem Sinne, wie Aristoteles es in der „Poetik" definiert hat, durch „Schrecken und Mitleid" in Bezug auf das Schicksal des tragischen Helden eine erhebende und reinigende Erfahrung (kátharsis) der eine Gesellschaft bestimmenden Hochwerte [...].

Der tragische Konflikt kann sich aber auch an einem Wert abspielen: Shakespeares Hamlet soll und will den Mord an seinem Vater rächen, soll handeln, kann und will aber nur mit Einsicht und Überlegung handeln, nur so, dass er seine Vernunft, die für ihn und seine Zeit der höchste Wert ist, gebraucht [...].

Doch weil er ständig plant, überlegt, reflektiert, kommt er nicht zum Handeln, handelt schießlich (bei dem Mord an Polonius), um überhaupt zu handeln, impulsiv und unüberlegt, ohne Vernunft, und kommt so in eine ausweglose Lage, in der er umkommt, – umkommt in einem tragischen inneren Konflikt seiner „gottgleichen Vernunft". [...]

In jedem Falle ist das Tragische entscheidend bestimmt durch Werte, Werteverhältnisse und Wertordnungen einer bestimmten Lebenswelt.

Das Komische:

Tartuffe in Molières gleichnamigem Stück ist dem Orgon durch sein frommes Gebaren aufgefallen; er nimmt ihn in sein Haus auf, will ihm seine Tochter geben und schenkt ihm sein Vermögen. Erst als er Zeuge wird, wie Tartuffe seine Frau verführen will, erkennt er (was dem Zuschauer allerdings schon sehr viel eher klar war), dass Tartuffe ein Lügner, Heuchler und Schwindler ist. Die Komik des Stücks beruht auf dem Umschlag, der sich mit der Entlarvung des vorgeblichen Ehrenmanns als eines Heuchlers vollzieht. Auf diesen Umschlag von etwas ‚Positivem' zu etwas ‚Negativem' als Merkmal des Komischen hat die Ästhetik stets hingewiesen. Kant etwa beschreibt in der „Kritik der Urteilskraft" das Komische als „plötzliche Verwandlung einer gespannten Erwartung in nichts" [...]. Doch ist diese Bestimmung noch nicht genau genug, denn etwa der Sturz Wallensteins bei Schiller, der auch einen Umschlag ins Negative darstellt, ist durchaus nicht komisch. Wichtig ist, dass das Positive, das ins Negative umschlägt, nur ein vorgeblich und scheinbar Positives ist, dessen falscher Wert- und Geltungsanspruch – der Tartuffes als eines Ehrenmanns – als Schein entlarvt wird. Volkelt formuliert es so, dass bei dem Umschlag, der das Komische ausmacht, „das, was an sich ein Scheinwert ist, als Scheinwert offenbar wird" [...]. Doch auch das kann noch genauer gefasst werden: Die Komik des Tartuffe liegt ja nicht darin, dass er schließlich von anderen als Heuchler überführt wird, sondern dass er durch die Art seines Handelns und Verhaltens von Anfang an Zweifel an seiner Ehrenhaftigkeit aufkommen lässt, selbst also ständig seinen Wertanspruch widerlegt. Oder: Der Dorfrichter Adam in Kleists „Zerbrochenem Krug" ist dadurch komisch, dass er durch die Art, wie er sich verhält und wie er die Verhandlung um den zerbrochenen Krug führt, sowohl seinen Anspruch, als Richter ernstgenommen zu werden, widerlegt, als sich auch selbst immer deutlicher als den wirklichen Täter erweist. Das Komische besteht also darin, mit Hegel gesagt, dass „das an sich Wesenlose sich durch sich selbst um seine Scheinexistenz bringt" [...], dass ein falscher Wert- und Geltungsanspruch sich selbst ad absurdum führt.

Damit jemand komisch ist, ist es allerdings nicht notwendig, dass er den falschen Wertanspruch, den er dann selbst ad absurdum führt, ausdrücklich (wie Tartuffe oder Adam) erhebt: Eine völlig unförmige Nase, um ein schlichtes Beispiel zu nehmen, ist komisch, weil wir bei ihr den Anspruch voraussetzen: ihn ihr ‚leihen' [...], eine ordentliche Nase zu sein, sie ihn durch die Art ihrer Beschaffenheit aber unaufhörlich selbst widerlegt. – Komisches gibt es bis auf wenige zeitlose Grundformen (wie die unförmige Nase) nicht an sich; für verschiedene Zeiten, Kulturen, Gesellschaften, Klassen, auch Lebensalter ist i. A. recht Verschiedenes komisch. Denn wenn etwas komisch wird durch die Selbstreduktion eines falschen Wertanspruchs, kann dieser als Wertanspruch nur aufgefasst werden innerhalb einer bestimmten Wertordnung und vor ihrem Hintergrund, die aber von Zeit zu Zeit, von Kultur zu Kultur, von Volk zu Volk verschieden sein kann. Wie das Tragische gründet auch das Komische entscheidend in Wertverhältnissen und Wertordnungen einer bestimmten Lebenswelt; und wie das Tragische stellt es sie, nur jetzt durch das Verlachen dessen, das sie fälschlicherweise zu realisieren beansprucht, unaufhörlich dar.

Aus: Günter Waldmann: Produktiver Umgang mit dem Drama. Eine systematische Einführung in das produktive Verstehen traditioneller und moderner Dramenformen und das Schreiben in ihnen. Baltmannsweiler: Schneider-Verlag Hohengehren 2004, S. 188–190.

- *Lies die Definitionen aufmerksam und erläutere kurz, inwiefern dein Alltagsverständnis der beiden Begriffe „komisch" und „tragisch" von den literaturwissenschaftlichen Erklärungen abweicht.*

- *Suche Beispiele für komische und tragische Elemente im Drama „Der Besuch der alten Dame".*

Markus Apel: Die klassische (geschlossene) Dramenform

Entstanden ist das Drama bereits im antiken Griechenland, wobei die Ursprünge der Tragödie vor allem im kultisch-religiösen Bereich zu suchen sind. So war es im Athen des 5. Jahrhunderts v. Chr. üblich, im Rahmen der jährlich stattfindenden Dionysos-Festspiele jeweils drei Tragödien aufzuführen, denen als heiterer Kontrast ein volkstümlich derbes Satyrspiel mit oft obszönen Tänzen und Gesängen folgte.

Da die Werke der antiken griechischen und römischen Dichter lange Zeit als „klassisch" im Sinne von „vorbildlich" oder „mustergültig" angesehen wurden, nennt man den Dramentypus, der sich an den von ihnen abgeleiteten und über die Jahrhunderte tradierten Normen orientiert, auch „klassisches" Drama. Diese Dramenform, die in Abgrenzung zum „offenen" Drama (etwa in Büchners „Woyzeck" oder den Stücken Brechts) auch als „geschlossenes" Drama bezeichnet wird, war über Jahrhunderte hinweg der vorherrschende Dramentypus [...].

In idealtypischer Verallgemeinerung weist das „geschlossene" Drama folgende Merkmale auf: In Anlehnung an die Poetik des griechischen Philosophen Aristoteles (ca. 335 v. Chr.) werden die „drei Einheiten" als maßgebliche Vorgaben angesehen: Die Handlung des Dramas soll keine größeren Zeitsprünge aufweisen und am besten im Laufe eines einzigen Tages spielen („Einheit der Zeit"), auch sollen Wechsel des Schauplatzes möglichst vermieden werden („Einheit des Ortes"). Aus diesen Forderungen ergibt sich eine Verdichtung des dramatischen Geschehens, die in der Konzentration auf eine einzige Haupthandlung ohne Nebenstränge („Einheit der Handlung") ihre Entsprechung findet.

Diese tendenziell einsträngige Handlung läuft linear und zielstrebig auf das Ende des Dramas zu, wobei die einzelnen Szenen einen engen Zusammenhang haben und sich möglichst logisch in kausaler Verknüpfung auseinander ergeben. Unterteilt wird diese Abfolge der Szenen in fünf (seltener drei) Akte, die nach einem streng regelmäßigen Kompositionsprinzip symmetrisch um den zentralen Akt als Mittelachse angeordnet sind, sodass sich hinsichtlich des Spannungsverlaufs insgesamt ein „pyramidaler Bau" ergibt. Dabei enthält der 1. Akt fast immer die Exposition, die den Zuschauer über wichtige Voraussetzungen zum Verständnis der Handlung informiert (z. B. Ort, Zeit, Personen, Lebensverhältnisse, Atmosphäre, Vorgeschichte). Hier wird auch bereits der dramatische Konflikt erkennbar, der meist aus konträren Anschauungen oder Interessen resultiert und häufig zwischen einem Helden als zentraler Figur (Protagonist) und einem oder mehreren Gegenspielern (Antagonisten) ausgetragen wird. Die von diesem tragischen Konflikt ausgelöste Handlung wird durch ein „erregendes Moment" mit einer gewissen Zwangsläufigkeit in Gang gesetzt. Im Zuge der „steigenden Handlung" verschärft sich der Konflikt, und der Ablauf des Geschehens läuft immer schneller auf die entscheidende Auseinandersetzung als dramatischem Höhepunkt zu, nach dem durch eine Verzögerung (Retardation, z. B. eine scheinbare Rettung des Helden) die Spannung auf den Ausgang gesteigert werden kann. In der Tragödie läuft dann nach dem Umschwung (der Peripetie) des Geschehens die nunmehr „fallende Handlung" zielstrebig und unaufhaltsam auf die Katastrophe (z. B. den Tod des Helden) zu. Der Untergang des Helden erscheint dabei häufig als schicksalhaft und unverdient und ist daher auch oft mit einer moralischen Aufwertung oder Verklärung verbunden. Die Komödie, in der häufig menschliche Fehler und Schwächen der Lächerlichkeit preisgegeben werden, bietet stattdessen eine heitere Lösung des (oft nur scheinbaren) Konflikts.

Die Personen der Tragödie sprechen eine gehobene Sprache (oft in Versform), die sich häufig durch einen hohen Grad an Abstraktion und Allgemeingültigkeit (Sentenzen) auszeichnet, und sind meist von hohem gesellschaftlichem Rang (z. B. Adlige, historische Personen, mythologische Helden). Diese „Ständeklausel" wird erst im „Bürgerlichen Trauerspiel" des 18. Jahrhunderts (z. B. durch Lessing) aufgehoben. Im klassischen Drama ist die Anzahl der auftretenden Personen, die oft symmetrisch um eine zentrale Figur (z. B. Iphigenie) gruppiert sind, meist streng begrenzt. Die Komödie bringt hingegen eher einfache Menschen niedrigeren Stands auf die Bühne, die sich daher auch oft der Alltags- oder Umgangssprache bedienen.

Als dramatische Sonderform findet sich bisweilen das „analytische Drama" (z. B. Sophokles' „König Ödipus"), bei dem die zur Katastrophe führenden Ereignisse schon vor dem Einsetzen der Bühnenhandlung stattgefunden haben. Dem zunächst ahnungslosen Helden enthüllt sich die Wahrheit erst allmählich, sodass er zwar zum Aufdecken der verhängnisvollen Sachverhalte beitragen, seinen Untergang aber nicht mehr abwenden kann.

Aus: Apel, Markus: Friedrich Dürrenmatt. Die Physiker. Paderborn: Schöningh 2005, S. 85 (Reihe EinFach Deutsch).

- *Fasse die wichtigen Informationen des Textes übersichtlich zusammen.*
- *In welchen Merkmalen stimmt Dürrenmatts Drama mit denen des klassischen Dramas überein, worin unterscheidet es sich davon?*

„Uns kommt nur noch die Komödie bei" – Zu Dürrenmatts Dramentheorie

So zeigt sich denn in der Entwicklung des tragischen Helden eine Hinwendung zur Komödie. [...] Der Held eines Theaterstückes treibt nicht nur eine Handlung vorwärts oder erleidet ein bestimmtes Schicksal, sondern stellt auch eine Welt dar. Wir müssen uns daher die Frage stellen, wie unsere bedenkliche Welt dargestellt werden muß, mit welchen Helden, wie die Spiegel, diese Welt aufzufangen, beschaffen und wie sie geschliffen sein müssen.

Läßt sich die heutige Welt etwa, um konkret zu fragen, mit der Dramatik Schillers gestalten, wie einige Schriftsteller behaupten, da ja Schiller das Publikum immer noch packe? [...] Schiller schrieb so, wie er schrieb, weil die Welt, in der er lebte, sich noch in der Welt, die er schrieb, die er sich als Historiker erschuf, spiegeln konnte. Gerade noch. War doch Napoleon vielleicht der letzte Held im alten Sinne. Die heutige Welt, wie sie uns erscheint, läßt sich dagegen schwerlich in der Form des geschichtlichen Dramas Schillers bewältigen, allein aus dem Grunde, weil wir keine tragischen Helden, sondern nur Tragödien vorfinden, die von Weltmetzgern inszeniert und von Hackmaschinen ausgeführt werden. Aus Hitler und Stalin lassen sich keine Wallensteine mehr machen. Ihre Macht ist so riesenhaft, daß sie selber nur noch zufällige, äußere Ausdrucksformen dieser Macht sind, beliebig zu ersetzen, und das Unglück, das man besonders mit dem ersten und ziemlich mit dem zweiten verbindet, ist zu weit verzweigt, zu verworren, zu grausam, zu mechanisch geworden und oft einfach auch allzu sinnlos. Die Macht Wallensteins ist eine noch sichtbare Macht, die heutige Macht ist nur zum kleinsten Teil sichtbar, wie bei einem Eisberg ist der größte Teil im Gesichtslosen, Abstrakten versunken.

Das Drama Schillers setzt eine sichtbare Welt voraus, die echte Staatsaktion, wie ja auch die griechische Tragödie. Sichtbar in der Kunst ist das Überschaubare. Der heutige Staat ist jedoch unüberschaubar, anonym, bürokratisch geworden, und dies nicht etwa nur in Moskau oder Washington, sondern auch schon in Bern, und die heutigen Staatsaktionen sind nachträgliche Satyrspiele, die den im Verschwiegenen vollzogenen Tragödien folgen. Die echten Repräsentanten fehlen, und die tragischen Helden sind ohne Namen. Mit einem kleinen Schieber, mit einem Kanzlisten, mit einem Polizisten läßt sich die heutige Welt besser wiedergeben als mit einem Bundesrat, als mit einem Bundeskanzler. [...]

Doch die Aufgabe der Kunst, soweit sie überhaupt eine Aufgabe haben kann, und somit die Aufgabe der heutigen Dramatik ist, Gestalt, Konkretes zu schaffen. Dies vermag vor allem die Komödie. Die Tragödie, als die gestrengste Kunstgattung, setzt eine gestaltete Welt voraus. Die Komödie [...] eine ungestaltete, im Werden, im Umsturz begriffene, eine Welt, die am Zusammenpacken ist wie die unsrige. Die Tragödie überwindet die Distanz. [...] Die Komödie schafft Distanz [...].

Das Mittel nun, mit dem die Komödie Distanz schafft, ist der Einfall. [...] Aristophanes dagegen lebt vom Einfall. Seine Stoffe sind nicht Mythen, sondern erfundene Handlungen, die sich nicht in der Vergangenheit, sondern in der Gegenwart abspielen. Sie fallen in die Welt wie Geschosse, die, indem sie einen Trichter aufwerfen, die Gegenwart ins Komische, aber dadurch auch ins Sichtbare verwandeln. Das heißt nun nicht, daß ein heutiges Drama nur komisch sein könne. Die Tragödie und die Komödie sind Formbegriffe, dramaturgische Verhaltensweisen, fingierte Figuren der Ästhetik, die Gleiches zu umschreiben vermögen. Nur die Bedingungen sind anders, unter denen sie entstehen, und diese Bedingungen liegen nur zum kleineren Teil in der Kunst.

Die Tragödie setzt Schuld, Not, Maß, Übersicht, Verantwortung voraus. In der Wurstelei unseres Jahrhunderts, in diesem Kehraus der weißen Rasse, gibt es keine Schuldigen und auch keine Verantwortlichen mehr. Alle können nichts dafür und haben es nicht gewollt. Es geht wirklich ohne jeden. Alles wird mitgerissen und bleibt in irgendeinem Rechen hängen. Wir sind zu kollektiv schuldig, zu kollektiv gebettet in die Sünden unserer Väter und Vorväter. Wir sind nur noch Kindeskinder. Das ist unser Pech, nicht unsere Schuld: Schuld gibt es nur noch als persönliche Leistung, als religiöse Tat. Uns kommt nur noch die Komödie bei. Unsere Welt hat ebenso zur Groteske geführt wie zur Atombombe, wie ja die apokalyptischen Bilder des Hieronymus Bosch auch grotesk sind. Doch das Groteske ist nur ein sinnlicher Ausdruck, ein sinnliches Paradox, die Gestalt nämlich einer Ungestalt, das Gesicht einer gesichtslosen Welt, und genau so wie unser Denken ohne den Begriff des Paradoxen nicht mehr auszukommen scheint, so auch die Kunst, unsere Welt, die nur noch ist, weil die Atombombe existiert: aus Furcht vor ihr.

Doch ist das Tragische immer noch möglich, auch wenn die reine Tragödie nicht mehr möglich ist. Wir können das Tragische aus der Komödie heraus erzielen, hervorbringen als einen schrecklichen Moment, als einen sich öffnenden Abgrund, so sind ja schon viele Tragödien Shakespeares Komödien, aus denen heraus das Tragische aufsteigt.

Nun liegt der Schluß nahe, die Komödie sei der Ausdruck der Verzweiflung, doch ist dieser Schluß nicht zwingend. Gewiß, wer das Sinnlose, das Hoffnungslose dieser Welt sieht, kann verzweifeln, doch ist diese Verzweiflung nicht eine Folge dieser Welt, sondern eine Antwort, die man auf diese Welt gibt, und eine andere Antwort wäre das Nichtverzweifeln, der Entschluß etwa, die Welt zu bestehen, in der wir oft leben wie Gulliver unter den Riesen. Auch der nimmt Distanz, auch der tritt einen Schritt zurück, der seinen Gegner einschätzen will, der sich bereit macht, mit ihm zu kämpfen oder ihm zu entgehen. Es ist immer noch möglich, den mutigen Menschen zu zeigen.

Dies ist denn auch eines meiner Hauptanliegen. Der Blinde, Romulus, Übelohe, Akki sind mutige Menschen. Die verlorene Weltordnung wird in ihrer Brust wiederhergestellt, das Allgemeine entgeht meinem Zugriff. Ich lehne es ab, das Allgemeine in einer Doktrin zu finden, ich nehme es als Chaos hin. Die Welt (die Bühne somit, die diese Welt bedeutet) steht für mich als ein Ungeheuer da, als ein Rätsel an Unheil, das hingenommen werden muß, vor dem es jedoch kein Kapitulieren geben darf. [...]

Endlich: Durch den Einfall, durch die Komödie wird das anonyme Publikum als Publikum erst möglich, eine Wirklichkeit, mit der zu rechnen, die aber auch zu berechnen ist. Der Einfall verwandelt die Menge der Theaterbesucher besonders leicht in eine Masse, die nun angegriffen, verführt, überlistet werden kann, sich Dinge anzuhören, die sie sich sonst nicht so leicht anhören würde. Die Komödie ist eine Mausefalle, in die das Publikum immer wieder gerät und immer noch geraten wird. [...]

Aus diesen Grunde muß denn auch der Künstler die Gestalten, die er trifft, auf die er überall stößt, reduzieren, will er sie wieder zu Stoffen machen, hoffend, daß es ihm gelinge: Er parodiert sie, das heißt, er stellt sie im bewußten Gegensatz zu dem dar, was sie geworden sind. Damit aber, durch diesen Akt der Parodie, gewinnt er wieder seine Freiheit und damit den Stoff, der nicht mehr zu finden, sondern nur noch zu erfinden ist, denn jede Parodie setzt ein Erfinden voraus. Die Dramaturgie der vorhandenen Stoffe wird durch die Dramaturgie der erfundenen Stoffe abgelöst. Im Lachen manifestiert sich die Freiheit des Menschen, im Weinen seine Notwendigkeit, wir haben heute die Freiheit zu beweisen. Die Tyrannen dieses Planeten werden durch die Werke der Dichter nicht gerührt, bei ihren Klageliedern gähnen sie, ihre Heldengesänge halten sie für alberne Märchen, bei ihren religiösen Dichtungen schlafen sie ein, nur eines fürchten sie: ihren Spott.

Aus: Friedrich Dürrenmatt: Theater. Copyright © 1998 Diogenes Verlag AG Zürich

■ *Lies den Text und unterstreiche wichtige Textpassagen, die Aufschluss über das Verhältnis von Tragödie und Komödie geben. Erläutere anschließend mit deinen eigenen Worten den Satz „Uns kommt nur noch die Komödie bei".*

Stimmen zum Stück „Der Besuch der alten Dame" – Eine Rezension zur Uraufführung 1956

Elisabeth Brock-Sulzer

[...]
Warum den Inhalt so ausführlich erzählen? Weil hier das heute selten Gewordene passiert ist, dass ein Dichter einen wirklichen, starken, tragenden Stoff gefunden hat. Was auch immer aus diesem Stoff geformt worden wäre, es möchte noch so unzulänglich sein – der Ruhm des Themas bliebe für Dürrenmatt. Aber der Dichter hat das Thema bewältigt. Noch nie – außer vielleicht in „Romulus" – entsprach seine Griffkraft so sehr dem zu Ergreifenden. Zürich hat der Uraufführung eines großen Werks beigewohnt, und nicht wenige scheinen an der Premiere auch gespürt zu haben, was das bedeutet. Selbstverständlich kann ein solches Werk, das uns in unseren notwendigsten Feigheiten entlarvt, nicht gleich jene prompten Beifallsstürme entfesseln, die harmlosere oder uns harmloser scheinende Theaterstücke sofort begrüßen. Der Vorhang senkt sich hier über einer schauerlichen Anklage der Menschheit, die nur umso schauerlicher wird dadurch, dass der Einzige, der die angeborene Feigheit des Menschen überwindet, dieser Feigheit zum Opfer gebracht wird wie ein Schlachtopfer alter Zeiten. Hier sind weniger Mitleid und Furcht Ziel und Ernte des Theaters, sondern Selbsterkenntnis. Wer wagte es, sich nicht einzubeziehen in den falsch feierlichen Chor der Güllener, die in sophokleischem Stil zuletzt von der gemeinsamen Not der Armut singen? Auch der Autor schrieb ja als Mitschuldiger, sagt Dürrenmatt. Der Beifall war also stark, aber einem jeden Applaudierenden gleichsam abgerungen, was ihm nur umso größeres Gewicht gibt.

Zunächst wird der Zuschauer einmal die Schicksalsspinne Claire Zachanassian als Hauptperson empfinden – sie ist es nicht. Sie ist nur Auslöserin des Geschehens. Die Hauptfiguren sind Ill und ihm gegenüber die Masse der Güllener. Alles Menschen. Die Zachanassian jedoch ist jenseits des Menschlichen, eine Irre, eine Verbrecherin – wie man will – es ist gleichgültig, sie ist absolut. Nicht mit psychologischen Einordnungen zu erfassen. Darum sind ihr auch alle scheinbar abstrusen, unwahrscheinlichen Züge des Stückes zugeordnet: der wartende Sarg, die ein- und abgesetzten Ehemänner Nummer 7 bis 9, die Kastraten, die ihre Sänfte tragenden Verbrecher aus Sing-Sing, die großartige Kitschigkeit ihres Gefühls. Sie ist absolut, und deshalb ebenso sehr tragisch wie komisch, wie grotesk, wie kitschig. Sie lebt in jener Sphäre, wo alles alles zugleich ist, da es der unterscheidenden, scheidenden Vernunft enthoben ist. Sie ist nicht gerecht, sie ist *die Gerechtigkeit*, ein Abstraktum, ein Roboter des Geistes – dies der Sinn ihres schon teilweise nur noch von Prothesen bewegten Leibes. – Ihr gegenüber der windige, kleinstädtische Don Juan Ill, der sie um die Aussicht, einen Spezereiladen zu erheiraten, schändlich preisgegeben hat, obwohl er sie liebte. Mit dem Alter hat er Fett und Ehrbarkeit, ja Ehrlichkeit angesetzt. Durch die Hölle der Angst hindurch, und nicht zuletzt durch das Wissen, dass er, wäre er nicht betroffen, nicht anders handeln würde als die Güllener, gewinnt er die Kraft, gerecht zu sein. Er hat nicht Gerechtigkeit, er ist nicht Gerechtigkeit, er ist nur gerecht, gerade nur für diesen einen Fall, ganz konkret, ein einsames Ich, zermalmt zwischen der Masse der Vielen und dem Gewicht des Absoluten. – Und die Vielen? Frauen, die lang keine Schokolade mehr gegessen haben. Männer, die immer nur schlechtes Bier und billigen Tabak genossen haben. Arbeitslose und Abgearbeitete, denen Rettung aus aller äußeren Not gezeigt wird. Und eine prunkvolle Fassade für jede Feigheit – man wird ja zum Vorkämpfer der Gerechtigkeit. Immer wieder lässt hier Dürrenmatt die Menschen refrainartig sprechen – wie ja überhaupt die Folgerichtigkeit, mit der alles noch so turbulente Geschehen hier aus dem Mittel der Sprache entwickelt ist, größte Bewunderung heischt. Der Mensch und sein Wort sind hier absoluter Mittelpunkt; [...]

In: Die Tat. Zürich, 1. Februar 1956

- *Lest die Rezension von E. Brock-Sulzer aufmerksam und gliedert sie.*
- *Gebt die Hauptaussagen des Textes in Form von Thesen wieder.*
- *Diskutiert die Thesen vor dem Hintergrund eures eigenen Verständnisses der Tragödie.*

Szenenfotos

Szenenfoto 1: Claire Zachanassian

Szenenfoto 2: Claire und Alfred im Konradsweilerwald

Szenenfoto 3: Alfred Ill am Bahnhof vor seiner geplanten Abreise

Richtig zitieren – aber wie?

Übernimmt man fremde Gedanken für die eigene Arbeit, müssen diese als solche kenntlich gemacht werden. Bei der wörtlichen Übernahme fremder Gedanken wird entsprechend zitiert.

Hinweise für das wörtliche Zitieren:

1. Zitate dienen bei Textanalysen zum Beispiel als Nachweis, dass bestimmte Deutungen durch den Text belegt sind.
2. Zitate müssen genau sein; sie dürfen in ihrem Wortlaut nicht verändert werden. Kürzungen sind durch drei Punkte in eckigen Klammern zu kennzeichnen [...].
3. Notwendige Erläuterungen können in eckiger Klammer hinzugefügt werden. Ist zum Beispiel von „ihm" die Rede, so kann [dem Autor] hinzugefügt werden, damit der Leser weiß, wer gemeint ist.
4. Zitate müssen an ihrer neuen Stelle richtig in den Zusammenhang des Textes eingebaut werden; ihr Sinn darf nicht verändert werden.
5. Zitate sollten nicht zu umfangreich sein, sie müssen jedoch so vollständig sein, dass sie verständlich sind. Bei Interpretationsaufgaben sollten sie sinnvoll verwendet werden, das heißt nur dann, wenn sie etwas belegen/beweisen; sie dürfen die eigene Auslegung und Auseinandersetzung mit dem Text nicht ersetzen.
6. Beim Zitieren ist die Zeichensetzung zu beachten:
   - Wörtlich zitierte Sätze stehen in doppelten Anführungszeichen. Enthält der Text selbst schon Anführungszeichen, werden diese als einfache Anführungszeichen übernommen.
   - Wenn man in einen Satz eine zitierte Stelle einbaut und das Zitat steht am Ende, dann folgt der Schlusspunkt nach dem Zitatzeichen und nach der Klammer mit der Zeilen- oder Quellenangabe.

Beispiele:

- Die Sprache der beiden blinden Männer ist charakterisiert durch häufiges Wiederholen von Sätzen, z. B.: „Wir sind blind, wir sind blind" (S. 32, Z. 10).
- Ill behauptet von sich selbst, er „lebe in einer Hölle" (S. 38, Z. 5).

Hinweise für den indirekten Verweis auf eine Textstelle:

Neben dem wörtlichen Zitieren gibt es auch die Möglichkeit, indirekt auf eine Textstelle zu verweisen:

a) durch eine Paraphrase, das heißt sinngemäße Wiedergabe einer Textstelle. Wenn dabei direkte, wörtliche Rede wiedergegeben wird, so geschieht dies in Form der indirekten Rede, wobei in der Regel der Konjunktiv benutzt wird. Beispiel: Der Bürgermeister möchte die Milliardärin gnädig stimmen, indem er behauptet, ihre Eltern seien verdiente Mitglieder der Gemeinde gewesen (vgl. S. 43, Z. 7ff.).

b) durch einen allgemeinen Verweis auf eine Textstelle. Beispiel: Die Güllener geben sich große Mühe, den Empfang der reichen Dame prächtig und feierlich zu gestalten (vgl. Anfangsszene, erster Akt).

Aus: Peter Kohrs (Hrsg.): Deutsch in der Oberstufe. Schöningh: Paderborn 1998, S. 71f.

Friedrich Dürrenmatt – Eine Kurzbiografie

5.1.1921 Friedrich Dürrenmatt als Sohn eines evangelischen Pfarrers in Konolfingen im Kanton Bern geboren; frühes Talent zum Zeichnen und Malen

1935 Umzug der Familie nach Bern

1941 Studium der Philosophie, Germanistik und Naturwissenschaften in Zürich und Bern; nach zehn Semestern Studienabbruch ohne Examen

1943 erste schriftstellerische Versuche

1945 erste Publikation: „Der Alte" (Erzählung)

1947 Heirat mit der Schauspielerin Lotti Geißler

1948 Umzug nach Ligerz; Tätigkeit als freier Schriftsteller und als Theaterkritiker für die „Weltwoche"; gesundheitliche Probleme und finanzielle Sorgen

1949 erfolgreiche Uraufführung der Komödie „Romulus der Große"

1950/1951 Kriminalromane „Der Richter und sein Henker" und „Der Verdacht"

1952 Umzug nach Neuchatel in ein eigenes Haus; endgültiger Durchbruch mit der Komödie „Die Ehe des Herrn Mississippi"; erste theoretische Abhandlung über die Komödie „Anmerkungen zur Komödie"

1953 „Ein Engel kommt nach Babylon" (Komödie)

1955 Essay „Uns kommt nur noch die Komödie bei" (vgl. Arbeitsblatt 36)

1956 Welterfolg mit „Der Besuch der alten Dame" („tragische Komödie"); Hörspielpreis der Kriegsblinden für „Die Panne"

1958 Filmdrehbuch „Es geschah am hellichten Tag" (Romanfassung: „Das Versprechen")

1959 Verleihung des Schiller-Preises; Abgrenzung von Brecht

1959–1964 Reisen nach New York, London, Berlin und in die Sowjetunion; künstlerische Tätigkeit als Schriftsteller, Maler und Zeichner

1962 Welterfolg mit „Die Physiker" (Komödie)

1964 „Der Tunnel" (Erzählung)

1968 „Monstervortrag über Gerechtigkeit und Recht" an der Universität Basel (vgl. Arbeitsblatt 33); Eintritt in die Direktion des Stadttheaters Basel

1969 schwere Erkrankung; „Großer Literaturpreis des Kantons Bern": Ehrendoktorwürde der Universität Philadelphia; Mitherausgeber des Zürcher „Sonntags-Journals"

1970 „Porträt eines Planeten" (Komödie); Austritt aus dem Schweizer Schriftsteller-Verein zusammen mit Max Frisch wegen Differenzen um das „Zivilverteidigungsbuch"

1972 Dürrenmatt inszeniert Büchners „Woyzeck" in Zürich

1977 „Die Frist" (Komödie)

1980 Werkausgabe in dreißig Bänden

1981 „Stoffe I-III. Zur Geschichte meiner Schriftstellerei"

1983 „Achterloo" (Komödie); Österreichischer Staatspreis für Europäische Literatur; Tod seiner Frau Lotti

1984 Heirat mit der Schauspielerin Charlotte Kerr

1985 „Justiz" (Roman)

1989 „Durcheinandertal" (Roman)

1990 Staatspreis der CSFR; Dürrenmatt übereignet seinen literarischen Nachlass der Schweiz zur Bildung eines „Literatur-Archivs"

14.12.1990 Dürrenmatt stirbt an Herzversagen

Aus: Markus Apel: Friedrich Dürrenmatt. Die Physiker. Paderborn: Schöningh 2005, S. 82 (Reihe EinFach Deutsch)

Rezensionen

Text 1: Hansres Jakobi

Wenn plötzlich der Abgrund sich öffnet. Internationales Publikum erlebte den neuen Dürrenmatt: „Der Besuch der alten Dame"

‚Das Tragische ist auch heute noch möglich, auch wenn die reine Tragödie nicht mehr möglich ist. Wir können das Tragische aus der Komödie heraus erzielen, hervorbringen als einen schrecklichen Moment, als einen sich öffnenden Abgrund ...' Aus dieser Konzeption schrieb Friedrich Dürrenmatt seine ‚tragische Komödie' in drei Akten, ‚Der Besuch der alten Dame', die soeben im
5 Zürcher Schauspielhaus uraufgeführt wurde.
Das Geschehen ist ungewöhnlich und ausgefallen, wie meistens bei Dürrenmatt: [...]
Eine verzwickte Geschichte, in der sich Elemente der Groteske, des Schauerdramas, der Sozialkritik und der Tragödie vermischen, in der gleichermaßen ein Schuss Kafka (der gehetzte) und ein Schuss Grand Guignol zu finden sind. Der Einfall ist wiederum blendend, wird jedoch in seiner
10 Wirkung durch die mangelnde Folgerichtigkeit der Durchführung beeinträchtigt. Unbefriedigend bleibt, dass das Opferlamm von Anfang an befleckt ist; die Satire wird geschwächt, weil der Mann, der geopfert wird, tatsächlich ein strafbares Verbrechen begangen hat, indem er nicht nur seine Geliebte samt ihrem Kind verlassen, sondern sich der Anstiftung zum Meineid und der Bestechung schuldig gemacht hat. Er hat also eine Strafe verdient, und wenn er nun der Habgier seiner
15 Mitbürger statt der wirklichen Gerechtigkeit zum Opfer fällt, so erscheint das als ein störender Zufall.
Noch störender aber ist die nicht durchgehaltene Konzeption der Claire Zachanassian, die in Güllen auftaucht, um sich an ihrem treulosen Geliebten dafür zu rächen, dass er ihr Leben verpfuschte. Ihr ganzes Leben ist auf der Rache aufgebaut, deren einer Bestandteil auch der Massen-
20 konsum an Ehegatten ist. Am Schluss des Stückes indessen löst sich die vermeintliche Rache in billige Sentimentalität auf: vor der Leiche ihres einstigen Romeo gesteht sie, dass sie ihn tötete, um ihn wieder rein als den Helden ihrer Jugend sehen zu können, um sein Bild unbefleckt in ihrer Erinnerung bewahren zu können. Dieser verwaschene Gefühlsausbruch stört nicht nur die Folgerichtigkeit des Handlungsimpulses der Frau Zachanassian, sondern lässt deren ganzes Leben
25 als reichlich pervers und absurd erscheinen.

In: Die Welt, 3. Februar 1956

> *Gib die Hauptaussagen der Rezension in Form von Thesen wieder und nimm kritisch Stellung dazu vor dem Hintergrund deines eigenen Dramenverständnisses.*

Text 2: Heinz Beckmann

Eine tragische Komödie. Friedrich Dürrenmatt „Der Besuch der alten Dame". Kritik vom 3. Februar 1956 zur Aufführung in Zürich

Friedrich Dürrenmatt ist ein vertrackter Fall. Sicher hätte man ihn längst abgeheftet, wenn Dürrenmatt nicht so begabt wäre, und zwar spezifisch zum Drama begabt. Er weiß die rechte Fabel zu finden, selbst wo er spintisiert, er besitzt eine beachtliche Sensibilität für das Szenische sogar auch noch bei irrealen Vorgängen, er ist ein Virtuose der Exposition und fürchtet sich nicht vor
5 grellem Spaß und pfefferscharfer Ironie mitten in der Tragödie. Aber der Mensch ist ihm unbekannt. Er kennt nur das Exemplar, nur das Demonstrationsobjekt. Weshalb denn auch sein Spaß und seine Ironie fast ständig auf die Rutschbahn ins mittelmäßige Kabarett geraten.
Bei der Uraufführung seiner tragischen Komödie ‚Der Besuch der alten Dame' in Zürich dachte man sogar den ganzen ersten Akt lang: jetzt hat Dürrenmatt es tatsächlich geschafft, jetzt greift
10 er endlich zu. Desto bitterer war dann die Enttäuschung bis zum antiken Schlusschor der Leute aus Güllen, in dem dummerhaftiger daherskandiert wird, als es auf einer ausgewachsenen Bühne erlaubt sein sollte. Zorniger habe ich selten eine Premiere verlassen, und es bleibt denn nun nur noch dieser Zorn. Immerhin, zornig wird man nur, wo es sich lohnt. Friedrich Dürrenmatt schrieb zu der Uraufführung in Zürich einige Randnotizen. Darin nennt er die Gegenwart einen ‚Stein-
15 bruch, aus dem ich die Blöcke zu meinen Komödien haue'. Leider scheint dieser Steinbruch, bildlich gesprochen, ein Kaffeehaus gewesen zu sein, in dem man zum Espresso Gin trinkt. [...] Nach dem ersten Akt, der durch seine Exposition besticht, verschlammt die Komödie, aber nicht mehr brodelnd wie einst, sondern zäh, sehr zäh. Und wieder machen sich jene degoutanten, weil unnötigen Übersteigerungen bemerkbar, die bei Dürrenmatt früher einmal für Wildwuchs gehal-
20 ten werden konnten. Heute denkt man anders darüber. Claire trägt am linken Bein und an der rechten Hand eine Prothese. Ihre Sänfte wird von zwei Raubmördern befördert, die sie aus dem Zuchthaus kaufte. Jene beiden meineidigen Zeugen aber ließ sie blenden und entmannen, um sie als Hampelmänner in ihrem Gefolge mitzuführen. Alle zwei Minuten tröpfelt ein fader Kabarettwitz, bis die Bühne am Ende gar völlig von Reportern und Wochenschaumännern beherrscht
25 wird. Und dann versammeln sich die lieben, mörderischen Güllener zu einem Sprechchor, in dem die Konjunktur oder sonst was ganz ohne Ironie ironisiert wird. Schade, sehr schade, denn das kalte Rachegelüst der reichen Claire hätte, an ein paar wirklichen Menschen entwickelt, ein ziemlich bedrückendes Drama auslösen können.
Oskar Wälterlins Inszenierung in den großartigen Bühnenbildern von Teo Otto war eines besse-
30 ren Stückes würdig. Nur fragt es sich, ob man Dürrenmatt sein neues Stück so abnehmen durfte. Vielleicht müsste man böse mit ihm werden, damit er merkt, wozu man so begabt ist wie Friedrich Dürrenmatt.

In: Nach dem Spiel. Theaterkritiken 1950 bis 1962. München: Langen-Müller 1963, S. 149–151

> *Gib die Hauptaussagen der Rezension in Form von Thesen wieder und nimm kritisch Stellung dazu vor dem Hintergrund deines eigenen Dramenverständnisses.*

Text 3: Manuel Gasser

Der neue Dürrenmatt. Uraufführung der tragischen Komödie „Der Besuch der alten Dame" im Zürcher Schauspielhaus am 29. Januar 1956

Dürrenmatt macht es seinem Zuschauer nicht leicht. Zwar ist sein Stück weder verworren noch dunkel, sondern, was die Fabel betrifft, so zwingend einfach wie eine antike Sage oder ein Märchen der Brüder Grimm. Auch läuft die Handlung in einem schön geschwungenen, kunstvoll gegliederten Bogen völlig logisch ab. Die Schwierigkeiten beginnen erst bei den Personen. Die
5 Titelheldin etwa: zuerst glaubt man, es mit einer grotesk-lustigen Person zu tun zu haben, mit einer ins Dämonische gesteigerten Karikatur. Dann wandelt sie sich zur Schicksals- und Rachegöttin, die Gerechtigkeit kaufen will wie eine Ware und damit eine ganze Stadt korrumpiert. Aber es wird lange nicht klar, wie es sich denn nun eigentlich mit ihr verhält. Ist sie böse, oder ist sie nur das Werkzeug des Bösen? Und wenn sie böse ist, war sie es schon damals, als sie mit dem
10 jungen Ill im Konradsweilerwald ein Herz in die Baumrinde schnitt? Oder ist sie erst durch Ills Schuld böse geworden? Ähnliche Fragen bei ihrem Gegenspieler. Wie soll man sich zu ihm verhalten, nachdem man (recht spät, nach einem geistigen Abstecher in die falsche Richtung) gemerkt hat, dass er nicht der Bösewicht, sondern das Opfer des Bösen ist? Nun scheint es zwar, der Autor habe den einzigen ‚Helden' seines Stückes mit Absicht als erbärmlichen Kerl gezeichnet
15 – um zu zeigen, dass das Heil nicht vom Ungemeinen, sondern vom Gewöhnlichen und Gemeinen zu erwarten ist. Gut. *Aber wohin sollen wir dann mit unserer Sympathie?* Mit solchen Fragen schlägt sich der Zuschauer herum, während die Handlung abläuft. Und auch wenn das Stück zu Ende ist, wird er sie nicht los. Wie Kletten haften sie in seiner Erinnerung.
Das ist ein gutes Zeichen. Denn es beweist, dass der Zuschauer Dürrenmatts Personen ernst
20 nimmt. Dass er Menschen aus Fleisch und Blut in ihnen sieht, Menschen mit ihren Widersprüchen und Rätseln, hinter die zu kommen er sich bemüht. Das gilt nicht nur für die Hauptpersonen, sondern auch für jene Figuren, denen der Dichter bewusst etwas Marionetten- und Schemenhaftes verlieh. Aber es sind keine am Schreibtisch gezeugten Schemen, sondern echte Nachtgespenster, Vampire, die sich vom Blut lebendiger Geschöpfe genährt haben.
25 Die Personen des Dramas also nimmt man ernst. Und seine Moral? Seine unerbittliche, grausame, vernichtende Moral?
Das steht auf einem andern Blatt. Nur moderne Erfolgsapostel pflegen ihre Wirkung statistisch und karteimäßig zu erfassen. Der Dichter sagt, was er sagen muss. Ob der Beifall, der nach dem dritten Akt prasselt, seiner literarischen Leistung oder der Wahrheit des Stückes gilt, kann er nicht
30 wissen. Und wahrscheinlich ist es auch ganz gut, wenn er's nicht weiß. [...]

In: Die Weltwoche, Zürich, 6. Februar 1956

■ *Gib die Hauptaussagen der Rezension in Form von Thesen wieder und nimm kritisch Stellung dazu vor dem Hintergrund deines eigenen Dramenverständnisses.*

Die Henkersmahlzeit – Auszug aus Dürrenmatts Kriminalroman „Der Richter und sein Henker" (1952)

DANN, noch am gleichen Tag, Punkt acht, betrat Tschanz das Haus des Alten im Altenberg, von ihm dringend für diese Stunde hergebeten. Ein junges Dienstmädchen mit weißer Schürze hatte ihm zu seiner Verwunderung geöffnet, und wie er in den Korridor kam, hörte er aus der Küche das Kochen und Brodeln von Wasser und Speisen, das Klirren von Geschirr. Das Dienstmädchen nahm ihm den Mantel von den Schultern. Er trug den linken Arm in der Schlinge; trotzdem war er im Wagen gekommen. Das Mädchen öffnete ihm die Türe zum Esszimmer, und erstarrt blieb Tschanz stehen: der Tisch war feierlich für zwei Personen gedeckt. In einem Leuchter brannten Kerzen, und an einem Ende des Tisches saß Bärlach in einem Lehnstuhl, von den stillen Flammen rot beschienen, ein unerschütterliches Bild der Ruhe.

„Nimm Platz, Tschanz", rief der Alte seinem Gast entgegen und wies auf einen zweiten Lehnstuhl, der an den Tisch gerückt war. Tschanz setzte sich betäubt.

„Ich wußte nicht, daß ich zu einem Essen komme", sagte er endlich.

„Wir müssen deinen Sieg feiern", antwortete der Alte ruhig und schob den Leuchter etwas auf die Seite, so daß sie sich voll ins Gesicht sahen. Dann klatschte er in die Hände. Die Türe öffnete sich, und eine stattliche, rundliche Frau brachte eine Platte, die bis zum Rande überhäuft war mit Sardinen, Krebsen, Salaten von Gurken, Tomaten, Erbsen, besetzt mit Bergen von Mayonnaise und Eiern, dazwischen kalter Aufschnitt, Hühnerfleisch und Lachs. Der Alte nahm von allem. Tschanz, der sah, was für eine Riesenportion der Magenkranke aufschichtete, ließ sich in seiner Verwunderung nur etwas Kartoffelsalat geben.

„Was wollen wir trinken?", sagte Bärlach. „Ligerzer?"

„Gut, Ligerzer", antwortete Tschanz, wie träumend. Das Dienstmädchen kam und schenkte ein. Bärlach fing an zu essen, nahm dazu Brot, verschlang den Lachs, die Sardinen, das Fleisch der roten Krebse, den Aufschnitt, die Salate, die Mayonnaise und den kalten Braten, klatschte in die Hände, verlangte noch einmal. Tschanz, wie starr, war noch nicht mit seinem Kartoffelsalat fertig. Bärlach ließ sich das Glas zum dritten Male füllen.

„Nun die Pasteten und den roten Neuenburger", rief er.

Die Teller wurden gewechselt, Bärlach ließ sich drei Pasteten auf den Teller legen, gefüllt mit Gänseleber, Schweinefleisch und Trüffeln.

„Sie sind doch krank, Kommissär", sagte Tschanz endlich zögernd.

„Heute nicht, Tschanz, heute nicht. Ich feiere, daß ich Schmieds Mörder endlich gestellt habe!"

Er trank das zweite Glas Roten aus und fing die dritte Pastete an, pausenlos essend, gierig die Speisen dieser Welt in sich hineinschlingend, zwischen den Kiefern zermalmend, ein Dämon, der einen unendlichen Hunger stillte. An der Wand zeichnete sich, zweimal vergrößert, in wilden Schatten seine Gestalt ab, die kräftigen Bewegungen der Arme, das Senken des Kopfes, gleich dem Tanz eines triumphierenden Negerhäuptlings. Tschanz sah voll Entsetzen nach diesem unheimlichen Schauspiel, das der Todkranke bot. Unbeweglich saß er da, ohne zu essen, ohne den geringsten Bissen zu sich zu nehmen, nicht einmal am Glas nippte er. Bärlach ließ sich Kalbskoteletts, Reis, Pommes frites und grünen Salat bringen, dazu Champagner. Tschanz zitterte.

„Sie verstellen sich", keuchte er, „Sie sind nicht krank!"

Der andere antwortete nicht sofort. Zuerst lachte er, und dann beschäftigte er sich mit dem Salat, jedes Blatt einzeln genießend. Tschanz wagte nicht, den grauenvollen Alten ein zweites Mal zu fragen.

„Ja, Tschanz", sagte Bärlach endlich, und seine Augen funkelten wild, „ich habe mich verstellt. Ich war nie krank", und er schob sich ein Stück Kalbfleisch in den Mund, aß weiter, unaufhörlich, unersättlich.

Da begriff Tschanz, daß er in eine heimtückische Falle geraten war, deren Türe nun hinter ihm ins Schloß schnappte. Kalter Schweiß brach aus seinen Poren. Das Entsetzen umklammerte ihn mit immer stärkeren Armen. Die Erkenntnis seiner Lage kam zu spät, es gab keine Rettung mehr.

„Sie wissen es, Kommissär", sagte er leise.

„Ja, Tschanz, ich weiß es", sagte Bärlach fest und ruhig, aber ohne dabei die Stimme zu heben, als spräche er von etwas Gleichgültigem. „Du bist Schmieds Mörder." Dann griff er nach dem Glas Champagner und leerte es in einem Zug.

„Ich habe es immer geahnt, daß Sie es wissen", stöhnte der andere fast unhörbar.

Der Alte verzog keine Miene. Es war, als ob ihn nichts mehr interessiere als dieses Essen; unbarmherzig häufte er sich den Teller zum zweitenmal voll mit Reis, goß Sauce darüber, türmte ein Kalbskotelett obenauf. Noch einmal versuchte sich Tschanz zu retten, sich gegen den teuflischen Esser zur Wehr zu setzen.

„Die Kugel stammt aus dem Revolver, den man beim Diener gefunden hat", stellte er trotzig fest. Aber seine Stimme klang verzagt.

In Bärlachs zusammengekniffenen Augen wetterleuchtete es verächtlich. „Unsinn, Tschanz. Du weißt genau, daß es *dein* Revolver ist, den der Diener in der

Hand hielt, als man ihn fand. Du selbst hast ihn dem Toten in die Hand gedrückt. Nur die Entdeckung, daß Gastmann ein Verbrecher war, verhinderte, dein Spiel zu durchschauen."

„Das werden Sie mir *nie* beweisen können", lehnte sich Tschanz verzweifelt auf.

Der Alte reckte sich in seinem Stuhl, nun nicht mehr krank und zerfallen, sondern mächtig und gelassen, das Bild einer übermenschlichen Überlegenheit, ein Tiger, der mit seinem Opfer spielt, und trank den Rest des Champagners aus. Dann ließ er sich von der unaufhörlich kommenden und gehenden Bedienerin Käse servieren; dazu aß er Radieschen, Salzgurken und Perlzwiebeln. Immer neue Speisen nahm er zu sich, als koste er nur noch einmal, zum letzten Male das, was die Erde dem Menschen bietet.

„Hast du es immer noch nicht begriffen, Tschanz", sagte er endlich, „daß du mir deine Tat schon lange bewiesen hast? Der Revolver stammt von dir; denn Gastmanns Hund, den du erschossen hast, mich zu retten, wies eine Kugel vor, die von der Waffe stammen mußte, die Schmied den Tod brachte: von *deiner* Waffe. Du selber brachtest die Indizien herbei, die ich brauchte. Du hast dich verraten, als du mir das Leben rettetest."

„Als ich Ihnen das Leben rettete! Darum fand ich die Bestie nicht mehr", antwortete Tschanz mechanisch.

„Wußten Sie, daß Gastmann einen Bluthund besaß?"

„Ja. Ich hatte meinen linken Arm mit einer Decke umwickelt."

„Dann haben Sie mir auch hier eine Falle gestellt", sagte der Mörder fast tonlos.

„Auch damit. Aber den ersten Beweis hast du mir gegeben, als du mit mir am Freitag über Ins nach Ligerz fuhrst, um mir die Komödie mit dem ‚blauen Charon' vorzuspielen. Schmied fuhr am Mittwoch über Zollikofen, das wußte ich, denn er hielt in jener Nacht bei der Garage in Lyß."

„Wie konnten Sie das wissen?", fragte Tschanz.

„Ich habe ganz einfach telefoniert. Wer in jener Nacht über Ins und Erlach fuhr, war der Mörder: du, Tschanz. Du kamst von Grindelwald. Die Pension Eiger besitzt ebenfalls einen blauen Mercedes. Seit Wochen hattest du Schmied beobachtet, jeden seiner Schritte überwacht, eifersüchtig auf seine Fähigkeiten, auf seinen Erfolg auf seine Bildung, auf sein Mädchen. Du wußtest, daß er sich mit Gastmann beschäftigte, du wußtest sogar, wann er ihn besuchte, aber du wußtest nicht, warum. Da fiel dir durch Zufall auf seinem Pult die Mappe mit den Dokumenten in die Hände. Du beschlossest, den Fall zu übernehmen und Schmied zu töten, um einmal selber Erfolg zu haben. Du dachtest richtig, es würde dir leichtfallen, Gastmann mit einem Mord zu belasten. Als ich nun in Grindelwald einen blauen Mercedes sah, wußte ich, wie du vorgegangen bist: Du hast den Wagen am Mittwochabend gemietet. Ich habe mich erkundigt. Das Weitere ist einfach: du fuhrst über Ligerz nach Schernelz und ließest den Wagen im Twannbachwald stehen, du durchquertest den Wald auf einer Abkürzung durch die Schlucht, wodurch du auf die Straße Twann-Lamboing gelangtest. Bei den Felsen wartetest du Schmied ab, er erkennt dich und stoppte verwundert. Er öffnete die Türe, und dann hast du ihn getötet. Du hast es mir ja selbst erzählt. Und nun hast du, was du wolltest: seinen Erfolg, seinen Posten, seinen Wagen und seine Freundin."

Tschanz hörte dem unerbittlichen Schachspieler zu, der ihn matt gesetzt hatte und nun sein grauenhaftes Mahl beendete. Die Kerzen brannten unruhiger, das Licht flackerte auf den Gesichtern der zwei Männer, die Schatten verdichteten sich. Totenstille herrschte in dieser nächtlichen Hölle, die Dienerinnen kamen nicht mehr. Der Alte saß jetzt unbeweglich, er schien nicht einmal mehr zu atmen, das flackernde Licht umfloß ihn mit immer neuen Wellen, rotes Feuer, das sich am Eis seiner Stirne und seiner Seele brach.

„Sie haben mit mir gespielt", sagte Tschanz langsam.

„Ich habe mit dir gespielt", antwortete Bärlach mit furchtbarem Ernst. „Ich konnte nicht anders. Du hast mir Schmied getötet, und nun mußte ich dich nehmen."

„Um Gastmann zu töten", ergänzte Tschanz, der mit einem Male die ganze Wahrheit begriff.

„Du sagst es. Mein halbes Leben habe ich hingegeben, Gastmann zu stellen, und Schmied war meine letzte Hoffnung. Ich habe ihn auf den Teufel in Menschengestalt gehetzt, ein edles Tier auf eine wilde Bestie. Aber dann bist du gekommen, Tschanz, mit deinem lächerlichen, verbrecherischen Ehrgeiz, und hast mir meine einzige Chance vernichtet. Da habe ich *dich* genommen, dich, den Mörder, und habe dich in meine furchtbarste Waffe verwandelt, denn dich trieb die Verzweiflung, der Mörder mußte einen anderen Mörder finden. Ich machte mein Ziel zu deinem Ziel."

„Es war für mich die Hölle", sagte Tschanz.

„Es war für uns beide die Hölle", fuhr der Alte mit fürchterlicher Ruhe fort. „Von Schwendis Dazwischenkommen trieb dich zum Äußersten, du mußtest auf irgendeine Weise Gastmann als Mörder entlarven, jedes Abweichen von der Spur, die auf Gastmann deutete, konnte auf deine führen. Nur noch Schmieds Mappe konnte dir helfen. Du wußtest, daß sie in meinem Besitze war, aber du wußtest nicht, daß sie Gastmann bei mir geholt hatte. Darum hast du mich in der Nacht vom Samstag auf den Sonntag überfallen. Auch beunruhigte dich, daß ich nach Grindelwald ging."

„Sie wußten, daß ich es war, der Sie überfiel?" sagte Tschanz tonlos.

„Ich wußte das vom ersten Moment an. Alles was ich tat, geschah mit der Absicht, dich in äußerste Verzweiflung zu treiben. Und wie die Verzweiflung am größten war, gingst du hin nach Lamboing, um irgendwie die Entscheidung zu suchen."

„Einer von Gastmanns Dienern fing an zu schießen", sagte Tschanz.

„Ich habe Gastmann am Sonntagmorgen gesagt, daß ich einen schicken würde, ihn zu töten."

Tschanz taumelte. Es überlief ihn eiskalt.

„Da haben Sie mich und Gastmann aufeinander gehetzt wie Tiere!"

„Bestie gegen Bestie", kam es unerbittlich vom andern Lehnstuhl her.

„Dann waren Sie der Richter, und ich der Henker", keuchte der andere.

„Es ist so", antwortete der Alte.

„Und ich, der ich nur Ihren Willen ausführte, ob ich wollte oder nicht, bin nun ein Verbrecher, ein Mensch, den man jagen wird!"

Tschanz stand auf, stützte sich mit der rechten, unbehinderten Hand auf die Tischplatte. Nur noch eine Kerze brannte. Tschanz suchte mit brennenden Augen in der Finsternis des Alten Umrisse zu erkennen, sah aber nur einen unwirklichen schwarzen Schatten. Unsicher und tastend machte er eine Bewegung gegen die Rocktasche.

„Laß das", hörte er den Alten sagen. „Es hat keinen Sinn. Lutz weiß, daß du bei mir bist, und die Frauen sind noch im Haus."

„Ja, es hat keinen Sinn", antwortete Tschanz leise.

„Der Fall Schmied ist erledigt", sagte der Alte durch die Dunkelheit des Raumes hindurch. „Ich werde dich nicht verraten. Aber geh! Irgendwohin! Ich will dich nie mehr sehen. Es ist genug, daß ich *einen* richtete. Geh! Geh!"

Tschanz ließ den Kopf sinken und ging langsam hinaus, verwachsend mit der Nacht, und wie die Türe ins Schloß fiel und wenig später draußen ein Wagen davonfuhr, erlosch die Kerze, den Alten, der die Augen geschlossen hatte, noch einmal in das Licht einer grellen Flamme tauchend.

Aus: Friedrich Dürrenmatt: Der Richter und sein Henker © 1998 Diogenes Verlag AG Zürich (Aus lizenzrechtlichen Gründen nicht in reformierter Schreibung)